JN037610

現代経済社会入門

稲葉和夫・橋本貴彦・本田 豊　著

共立出版

はじめに

　本書は，経済学を専門としない，大学に初めて入学した学生を対象とした入門書である。

　私たちの身近な生活では，経済問題を避けて通ることはできない。たとえば，2019 年 10 月 1 日から実施された消費税率 8% から 10% への引き上げを取り上げてみよう。この税率の引き上げは私たちの生活にどのような影響を与えたのだろうか？　なぜ消費税率を引き上げる必要があったのだろうか？　消費税率引き上げは，いま日本がかかえている財政赤字問題を解消する方向に経済を導いてくれるのだろうか？　他方，私たちの将来を見据えると，少子高齢化に伴う人口減少によって，これまで作り上げてきた社会保障制度が持続できないのではないかという難題が待ち構えている。

　第二次世界大戦後の明日の生活にも困難を極める状況から立ち上がり，現在のような生活水準を多くの国民が享受できるようになったのは，先人たちの努力による成果であることは間違いないが，個々人を取り巻く社会制度や，それを支える国家運営の存在を抜きにすることはできない。個人の生活状況が変化すれば，当然のことながら社会制度，国家運営のありようも対応を余儀なくされる。

　私たちは日常生活の中で収入と生活費用のバランス，職業の安定的確保，生活環境の維持，災害・新型肺炎の拡大などによる自然環境の変化への対応等々の諸課題に直面している。日々の個々人の生活では，個別の課題にのみ関心がおかれ，他の課題には関心がないことが多いであろう。しかし，よくよく調べ

てみると，これらの課題の多くは直接的，あるいは間接的に相互に関連していることに気づく。たとえば，政府が与えられた財源をもとに，子育てのための支援の予算を増加させるとしよう。そのこと自体は，少子化をできるだけ食い止めるためにも重要な政策である。そのためには，他の支出（社会保障，教育，公共事業，防衛費など）のどれかあるいはいくつかを削減しなければならない。何が当面不必要なのかを検討しなければならない。さもなくば，そのような支出削減を避けるために政府がさらに借金をして（国債を追加発行して）資金を捻出することになる。まずは，課題の所在を明らかにし，解決の糸口を見つけるためには，どのような形で経済活動が成り立っているのか基本的な見取り図を把握する必要がある。そのうえで，問題を引き起こしている原因を突き止める必要がある。

　本書では，第1章で明らかにするように，まず経済活動の仕組み，基本的な経済の諸問題についての問いを提示する。問いに対しては，通常答えが用意されていると期待するであろうが，明確な回答は出さず，むしろ読者と一緒に解決の方向性を探ろうとする。つまり本書は，経済学に対して，興味関心を持ってもらうことを目的とした導入的な役割を持っている。本書は，立命館大学の一般教育科目「経済と社会」を数年間担当している筆者3名が講義の教材を互いに提供して作成したもので，講義内容に対する受講生諸君の質問等も参考にしている。そのため，経済学の専門分野を解説する形式を必ずしもとっていない。難しい専門用語は避け，かつ経済分析で必要な数式等はコラムに掲げ，本文だけでも内容が理解できるように努めた。

　本書における経済社会の対象は，日本経済を中心としている。本来ならば，経済全般の課題を対象とすべきであるが，地域経済社会，世界経済などのトピックについては，紙面の関係上割愛せざるを得なかった。近年，キャッシュレス化，ビットコインなど貨幣に関わる議論が非常に活発に行われているが，残念ながらこの問題も取り上げることはできなかった。なお，各章末には基礎的な内容も含めて，読者が現実の経済社会に関心を持ってもらえるような手軽に入手できる本を中心に参考書として掲げている。

　本書の執筆にあたって，立命館大学経済学部社会人学生卒業生の方々には，原稿段階での誤植，文章表現上の問題等について，多くのご指摘をいただいた。

岡田美代子，奥野善信，木村千壽子，小林道子，中村武司，福田俊一郎，古石美和子，三上明子，前田謙二の諸氏にはこの場を借りてお礼を申し上げたい。

　本書の企画は，共立出版の山内千尋，木村邦光両氏の発案で進められた。著書の出版に至るまで粘り強く励ましていただいた。また，野口訓子氏には，原稿の細部にわたるまで点検していただき，著者のわかりにくい表現の多くを指摘していただいた。これら出版社の方々の激励がなければ完成に至ることはなかったであろう。心よりお礼を申し上げる次第である。

2020 年 3 月

著　　者

目　　次

第1章　経済学の課題……………………………………………………………… 1

1.1　経済学とは　　　1

1.2　現代経済社会の諸課題　　　5

第2章　経済と社会……………………………………………………………… 13

2.1　経済と社会をどう捉えるか？　　　13

　　2.1.1　人口と経済　　　13

2.2　人間社会はどのように生産水準を上昇させてきたか　　　20

　　2.2.1　自然と人間　　　20

　　2.2.2　生産水準の向上と経済の仕組みの特徴　　　21

　　2.2.3　社会の経済的構造　　　24

2.3　人口減少に対する今後の対応　　　25

第3章　国民経済循環の概要………………………………………………… 29

3.1　国民経済計算で用いられる基本図式　　　30

　　3.1.1　単純な図式　　　30

　　3.1.2　企業による財・サービスの生産活動の流れ　　　31

3.2　経済主体間の経済循環の流れ　　　32

　　3.2.1　家計の行動　　　32

　　3.2.2　企業の行動　　　33

3.2.3　政府の行動　　34

3.2.4　海外の行動　　34

3.2.5　経済主体間の経済取引と市場の形成　　34

3.3　国民経済計算に基づく日本経済の循環　　34

3.3.1　生産の面からみた GDP　　35

3.3.2　分配の面からみた GDP と国民可処分所得　　35

3.3.3　支出の面からみた GDP　　38

3.3.4　GDP の三面等価の原則　　38

3.3.5　財貨・サービスの供給と需要　　39

3.4　過去 20 年間の日本経済の動向と特徴　　39

3.4.1　生産面から見た日本経済　　40

3.4.2　分配面からみた日本経済　　41

3.4.3　支出面からみた日本経済　　42

第 4 章　国民経済の中の企業活動 ……………………………… 45

4.1　産業と国民経済　　45

4.2　高度成長期以降の産業動向と産業構造の変化　　47

4.2.1　産業動向分析のための留意点　　47

4.2.2　第 1 次産業の動向　　48

4.2.3　第 2 次産業の動向　　49

4.2.4　第 3 次産業の動向　　50

4.2.5　産業構造の変化の特徴　　52

4.3　産業が生産供給に果たしてきた役割　　53

4.3.1　国民経済レベルにおける総需要構造の変化　　53

4.3.2　産業が生産・供給に果たしてきた役割　　54

4.4　産業構造の変化と産業の衰退　　57

4.4.1　名目 GDP 構成比の動向とその特徴　　57

4.4.2　ペティ・クラークの法則　　57

4.4.3　数量的要因と価格要因に関する考察　　58

4.5　産業構造の変化と国民経済への影響　　60

第5章　戦後日本の経済成長の到達点と課題 …………………… 63

5.1　戦後日本経済の到達をどうみるか　　63

5.2　高度成長期　　63

　　5.2.1　高度成長期の日本経済の特徴　　　63

　　5.2.2　高度成長の矛盾の現れ　　　68

　　5.2.3　高度経済成長終焉の原因　　　70

　　5.2.4　スタグフレーション　　　71

5.3　安定成長期（1974〜91年）における日本経済の特徴　　　72

　　5.3.1　輸出主導型経済成長の定着　　　72

　　5.3.2　財政支出の大幅拡大と赤字国債発行　　　73

　　5.3.3　輸出主導型経済成長の行き詰まり　　　73

　　5.3.4　第3次産業革命（ME革命）　　　74

　　5.3.5　公共投資拡大の対米公約と東京再開発構想　　　74

　　5.3.6　バブル経済の到来と崩壊　　　75

5.4　長期停滞期（1992〜2014年）における日本経済の特徴　　　76

　　5.4.1　不良債権処理と政策の失敗（1992〜97年）　　　76

　　5.4.2　財政問題の深刻化（1998〜2000年）　　　76

　　5.4.3　構造改革（2001〜06年）　　　77

　　5.4.4　イノベーションとその経済効果　　　78

5.5　日本経済の到達と課題　　　78

第6章　日本の経済成長の原動力 ……………………………… 82

6.1　経済変動における投資の特徴　　　82

6.2　需要面からみた日本の経済成長　　　84

6.3　供給面からみた日本の経済成長　　　89

6.4　高度成長期の終焉とその後の人口減少社会　　　93

6.5　人口減少下での課題　　　97

第7章　生産活動の成果と分配 ………………………………100

7.1　生産活動主体としての企業　　　100

　　7.1.1　日本企業の組織形態　　　101

　　　7.1.2　日本の会社組織　　101
7.2　日本の経営方式の特徴　　105
　　　7.2.1　1990年以前までの日本型経営方式　　105
　　　7.2.2　1990年代以降の日本型経営方式の変化　　107
7.3　日本の経営方式と成果の配分の変化　　109
　　　7.3.1　日本の所得分配の推移と格差の拡大　　109

第8章　日本経済をめぐる国際経済関係 ……………………121
8.1　戦後日本の貿易動向とその特徴　　121
　　　8.1.1　輸出構造の特徴　　121
　　　8.1.2　輸入構造の特徴　　123
　　　8.1.3　貿易収支の動向　　125
8.2　保護貿易から自由貿易体制への転換　　126
　　　8.2.1　国際収支の天井　　126
　　　8.2.2　貿易協定への加盟　　127
　　　8.2.3　日米貿易摩擦　　129
8.3　企業活動の多国籍化の本格化　　130
　　　8.3.1　1950年代後半〜1960年代前半　　131
　　　8.3.2　1960年代後半〜1980年代前半　　131
　　　8.3.3　1980年代後半以降　　131
8.4　海外生産ネットワークの拡大と今後の課題　　132
　　　8.4.1　海外生産ネットワークの拡大　　132
　　　8.4.2　今後の課題　　134

第9章　政府の役割と日本の財政赤字 ……………………………137
9.1　政府の役割と財政赤字　　138
　　　9.1.1　政府の役割　　138
　　　9.1.2　日本の財政収支状況と国債発行　　138
9.2　財政赤字拡大の要因　　140
　　　9.2.1　政府の財源とその使途の変化　　140
　　　9.2.2　日本の税負担と社会保障　　142

　　9.2.3　国債残高拡大と将来への懸念　　143

9.3　財政支出と収入のあり方の検討　　143

　　9.3.1　財政支出　　143

　　9.3.2　財政収入　　145

　　9.3.3　財政見直しにおいて生じる課題　　148

　　9.3.4　政府は家計と同じか？　　150

第10章　持続する経済成長の可能性 ……………………………155

10.1　将来社会を展望する視点　　155

　　10.1.1　生活をめぐる様々な経済社会の課題　　155

　　10.1.2　将来の経済社会分析のための概要　　157

10.2　医療・介護の需要に関する予測　　158

10.3　様々なニーズへの対応　　163

　　10.3.1　自然災害などの環境問題への取り組み　　163

　　10.3.2　新しい再生エネルギーへの投資割合の拡大　　163

　　10.3.3　外国人労働者やその家族の就労の条件の確保　　165

　　10.3.4　教育保障のための取り組み　　166

10.4　必要な生産物を生産するための生産性成長率　　166

10.5　必要な生産物を生産するための就業率　　170

10.6　様々な課題の解決を保証する経済成長　　172

第11章　経済学の考え方と資本主義経済 ………………………176

11.1　古典派経済学　　176

　　11.1.1　市場の調和　　176

　　11.1.2　資本家階級と地主階級の論争　　176

11.2　マルクス経済学　　177

　　11.2.1　資本主義社会の不安定性　　177

　　11.2.2　マルクスの分析　　178

11.3　新古典派経済学　　178

　　11.3.1　経済成長　　178

　　11.3.2　個人の行動を基本とした経済社会の分析　　179

11.4　ケインズの経済学　179
　　11.4.1　1929 年の大恐慌　179
　　11.4.2　自由競争経済政策の行き詰まり　180
11.5　第二次大戦後の経済学の潮流　181
　　11.5.1　資本主義 対 社会主義　181
　　11.5.2　社会主義体制の行き詰まりと規制緩和　183
　　11.5.3　金融危機とケインズ政策の復活　185

索　引……………………………………………………191

もう一つの重要な働き方：無償労働　18

寄与度の計算方法　88

技術進歩率の推定　92

ジニー係数の推計方法　116

個人の所得相続が課税されなかった例　147

必要な生産物を生産するための労働生産性上昇率の推計方法　169

雇用決定の考え方　187

第1章

経済学の課題

1.1 経済学とは

　「経済」という用語を耳にすると，読者はどのような事柄を思い浮かべるだろうか？　株の取引と株式価格の変動，社会での働く場と収入（雇用条件），経済成長，ビットコインなどの仮想通貨，スーパーでの野菜の値段など，経済のイメージは様々であろう。

　「経済」という用語は広辞苑では次の3通りの解説がなされている。

① 　国を治め，人民を救うこと（経国済民という）。

② 　人間の共同生活の基礎をなす財・サービスの生産・分配・消費の行為・過程，並びにそれを通じて形成される人と人との社会関係の総体。

③ 　費用・手間のかからないこと。

　「経済学」は，経済現象の本質を解明する学問であるが，上記の解説のように経済を捉える側面は様々である。一体，経済学を議論するための言葉はいつ頃からあったのだろうか？　イギリスの経済思想家エリック・ロールによれば，紀元前4世紀の古代ギリシャのアリストテレスは，その当時の社会の描写の中で，「交換」，「外国貿易」，「貨幣」などを初めとする経済学で使われる用語を用いていたという[1]。とはいえ，経済学を社会全体の中で捉えたのは，17世紀の経済思想家アダム・スミスが最初であろう。その後のデヴィッド・リカードの書籍では「政治経済学」という用語が使用されている。すなわち，当時の経

済学は政治と不可分な関係を持っていた。一方，現代の主流とされている「近代経済学」は，すべてではないが③の解説に近く，経済を社会および政治制度とは切り離して経済のありようを分析しようとする傾向が強い。リカードの時代の経済学と現代の主流である近代経済学は，ともに個人の私的所有を認め企業の経済活動を重視する点では同じ視点に立っているが，捉える視野はそれぞれ異なる。前者のアダム・スミスやリカードの時代は，貴族，地主，産業資本家間の明確な階級対立のもとで経済政策の方向性の議論が交わされたこともあり，極めて政治的色彩が強かった。一方，後者の現代の「近代経済学」と呼ばれる経済学分析の成果は，非常に有用な分析素材を提供してくれる。しかし，本書では，後に明らかにするように，現代経済を記述するうえでは経済社会や政治制度を無関係にした議論はできないと考える。

　実のところ，私たちの日々の活動は，私たちを取り巻く社会環境に制約され，自然環境にも制約されている。たとえば，家族関係，学校，職場，そして社会のコミュニティーの中での制約を無視しては日々の営みをすることは困難である。いうまでもなく，生活の場である地域的特性にも影響を受け，気候変動，予期せぬ自然災害などによっても生活が大きく制約される。さらには現在の日本国内だけで日常の生活に必要な物資が事足りるわけではない。天然資源の乏しい日本は，企業などの生産者が生産した物資を海外に販売（輸出）し，生活に必要な食料品，生産に必要な原材料を海外から購入（輸入）している。もし，海外において自然現象の変動，あるいは政治的変動により海外からの物資の供給が困難になると私たちの生活に大きな支障をもたらす。

　私たちの日常の活動を制約している社会制度，自然現象もまた，長い時間の軸で見ると，私たちの活動の結果によって影響を受ける。第二次世界大戦後の一定期間は，日本の社会保障制度は極めて限られたものであった。図1.1は1950年代後半以降の日本の経済成長を示したものである。1950年代後半から，約15年余りは，その後の経済成長と比較しても，他の先進諸国と比較しても類稀な高成長を経験した。この1950年代後半の高成長は税収の増加をもたらし，社会保障制度設計の変更を可能とした。そのため社会保障はかなりの程度まで充実させることができた。しかしながら，1990年代以降の長期にわたる経済停滞は，国家の財政を圧迫し，社会保障制度の後退を招いた。経済成長は，

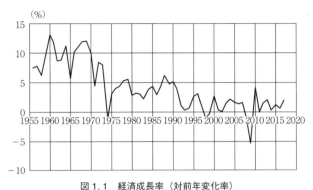

図 1.1　経済成長率（対前年変化率）
（資料）内閣府経済社会研究所「国民経済計算年報」

　私たちに多くの生活物資や充実したサービスをもたらしたが，他方では生産増加に伴い，工場から排出される多量の排水と廃棄物は，生態系に深刻な影響をもたらした。とりわけ，近年は生活の便利さを求めて日常使用しているプラスティックが河川や海に投棄されることにより，地球レベルで魚介類・鳥類等の生息を脅かしている。

　経済学の課題として，一般には限られた資源（原材料，機械設備，労働）を有効に活用し，できるだけ多くの生産物を効率的に生み出すことが強調される。確かに，無駄な資源の浪費は避けることはいうまでもないが，当面（短期的に）好ましいように見えることが，長い時間の視野（長期的）でみると必ずしもそうとはいえないことも多い。たとえば日本の経済社会の現状を維持し，短期的のみならず長期的にも成長を可能にするという理由で，コストが安価で排出ガスが少なく環境に優しいといわれた原子力発電の開発が進められてきた。しかし，2011 年に起きた東北地方の未曾有の大災害にともなう，福島原子力発電所の事故は，私たちに将来のあり方について大きな課題を突きつけることになった。

　現代の経済社会では，人工知能（Artificial Intelligence：AI）こそが人間が行ってきた多くの仕事をこなして，様々な意思決定までも人間に取って代わる時代が早晩訪れるだろうといわれている。一定の条件の下での複雑な計算処理や記憶の維持は，AI が私たち人間より格段に優れていることはいうまでもな

い。それでは，経済社会の個人，企業，政府の基本的意思決定までも AI にゆだねることが可能であろうか？　最新の技術を駆使して，今後特定の地区に大震災が起こる可能性を予想することも可能となった。ただし，その予想時期も何十年もの期間をとり，しかも一定の確率のもとで，という幅を持っており，確実な予測をすることは難しい。このような状況で何をすべきかについては，私たち個人と社会の判断にゆだねられている。また一方で近年の科学技術，医学などの急速な発達はこれまでの通説を覆し，脳のメカニズムや宇宙のありようなど私たちの生活と生命の制約を今後克服することが可能と思われる多くの展望を与えてくれた。

　それでは経済社会のありようについても AI にゆだねることが可能だろうか？　たしかにこれまで非常に困難であった複雑な計算でも大型コンピュータの導入と AI 技術によって処理できることが飛躍的に増大し，分析能力も急速に向上した。しかし経済活動の結果は，人間の行動の結果であるとしても，個人の行動を単に合成したものではなく，先に述べたように，家族，社会制度，海外との関係性を保ちつつ，かつ自然環境に制約をうけるなかでの行動を反映したものである。AI は，基本的な枠組みを与えられたもとでは非常に有効な働きをするが，その枠組みそのものを作ることはできず，基本的な設計は人間の判断にゆだねられている。

　私たち個人は，常に正しい方向への行動をしているとは限らず，試行錯誤の上各人にふさわしい行動のありようを見出そうとする。政府が間違った意思決定をすると多くの国民に甚大な被害をもたらす。戦争がその典型的なものであるが，平和時にも同様なことが生じる。

　図 1.2，図 1.3 は，株式価格，全国宅地平均価格の推移を 1975 年から示したものである。二つの図から読み取れるように，1980 年代末と 1990 年に両者のピークが訪れていることがわかる。1980 年代後半の日本の経済は，かつてない株式価格と土地価格の上昇を経験し，株式や土地を保有する人々は価値増殖に浸った。しかし，その価格上昇は，経済活動の実態を反映していないシャボン玉の泡（バブル）のようなものであることが明らかとなり，そのバブルがはじけた後の日本経済社会は長期にわたって大きな代償を払うことになる。そのような経験は，なかなか活かされないもので，その後，日本以外でも同様な

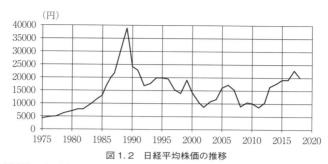

図1.2　日経平均株価の推移

（資料）日経平均プロフィル　https://indexes.nikkei.co.jp/nkave/archives/data

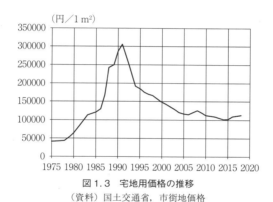

図1.3　宅地用価格の推移

（資料）国土交通省，市街地価格

問題が生じた。その極めつけが，アメリカに端を発する 2008 年の金融危機（リーマンショック）であろう。1990 年代より流行となった金融工学の考え方は，AI 技術を駆使して複雑な方程式をつくり，リスクもカバーできるというものであった。しかし，バブルははじけ，その後 EU 諸国にも波及し世界的なレベルでの経済危機となった。2009 年からの株価の下落の一部は，この経済危機に起因している。

1.2　現代経済社会の諸課題

　本書は，現代経済社会のありようを解説することを目的としているが，結論を明快に提示するような性格のものではない。むしろ，読者に対して，現代経

済の課題を問いかけ，一緒にその問題の解明を考えていこうとするものである。以下，第2章以降で展開する議論に関わり，筆者が考える問いを発してみたい。

問い1　私たち個々人を取り巻く経済社会関係はどのように捉えることができるだろうか？

　第2章では，この問いに関連して二つのテーマを取り上げる。第一のテーマは，人口の再生産と経済活動の再生産との関係，まず社会の中の個人（家族，地域，雇用関係，教育環境）を見ていく。社会の経済活動を担う大部分の個人は，企業や政府などと生産活動をめぐる雇用関係を結んでいる。そのような生産をめぐるいわゆる生産関係とはどのようなものかを考察する。

　さらに，利害関係としての個人と社会との関係を物価変動という側面から眺めてみることにしよう。先にも述べたように，自然環境の変化によって経済活動が影響を受け，反対に経済活動が自然環境に影響を与えることもある。第二のテーマとして，経済活動と自然環境との相互作用を検討する。

　以上の議論の背景には，人間社会が存続すること，すなわち人口が再生産されることが前提条件となるが，そのためには人々の生活の保障としての経済活動による成果物が一定規模以上で再生産されることが不可欠である。経済活動の一定規模以上の実現のためには，生産を担いうる人口（生産年齢人口）の確保が必要とされるが，昨今の日本社会での少子高齢化の傾向は将来の生産活動に大きな足かせになることが懸念されている。その解決策は何か，そしてその解決策は容易に実行できるのかについても検討を行うことにしよう。

問い2　日常の生活を支える国民経済全体の流れはどのようになっているのだろうか？

　この問いは第3章で扱う。経済社会における個人の生活を国民経済全体の流れの中で捉え，その流れの規模をどのように数量化するのか明らかにする。ここでは，家計，企業，政府，海外からなる経済活動単位（経済主体）間の取引を通じて国民経済の流れを解説し，個人と経済社会の関係を観察する。個人は，家計という単位で捉えられる。家計という概念は，家族の構成員が収入を得るため勤労をし，得た収入（所得）から生活のための支出（消費）を行う意思決

定単位として位置づけられている。経済主体の中では，その企業が生産活動の中心を担うが，企業の生産段階でイメージされる生産活動の成果がどのようなものかを捉える。また，政府は，中央官庁などの行政機関としての中央政府，および地方自治体（地方政府）からなり，国民，住民に行政サービスを提供する意思決定単位である。この視点にたって，実際の国民経済の流れはどのようになっているのかを公的統計資料から把握する。

問い３　企業は国民経済の中でどのような役割を果たしているのだろうか？

　第４章でこの問いを扱う。まず，企業活動を産業という視点から把握してみよう。企業の生産活動では，様々な商品が生み出される。ここで産業という概念は，同一の商品を提供する企業の集合体と表現することができる。たとえば，食料の生産者や鉄鉱石などの鉱物資源を採掘する生産者の集合は一次産業，この原料素材を加工する生産者の集合を第二次産業，また第二次産業のうち繊維原材料を加工し繊維製品を生産する生産者の集合を繊維産業，自動車を生産する生産者の集合を自動車産業と呼ぶ。さらには共通の商品とする範囲によって産業の定義も異なってくる[2]。この産業というくくりを用いて，第二次世界大戦後の日本の主要な産業がどのように変貌したのかを検討する。私たちは，戦後しばらくは繊維産業が日本の経済活動の中心を担っていたことを，この章の分析で把握することができるだろう。産業の栄枯盛衰が存在する中でも，廃れていく産業に属していた企業が消滅するとは限らない。企業は，以前とは違った新しい商品を開発し，新たな展開を行う。このように企業が存続するための条件は何かを第７章で検討を行う。なお，企業の存続には利益の確保は重要であるが，単に営利のみを求めて活動することはできず，様々な利害関係者（ステークホルダー）との調整の中で活動が可能となる。企業活動をめぐる様々な環境についても第７章で考察する。

問い４　戦後の日本経済はどのような発展を遂げ，何が課題として残ったのだろうか？

　第５章では，戦後日本経済の軌跡を辿ってみる。図1.1に見られるように，日本では他の先進諸国では経験することができなかった非常に高い経済成長が，

1955年代後半より1970年代前半まで約15年以上も続いた。この高い成長は，生活物資面を充実させ飛躍的な時間的距離の短縮をもたらした。しかし，もたらされたものは正の側面だけでなく環境の悪化，過密過疎などの負の側面も顕在化した。高度成長以降の国内外の状況の変化は経済社会にどのような影響をもたらしたのか，その結果どのような問題が新たに生じたのかを検討する。また，高度成長期の負の側面を克服することができたのかについても言及する。

問い5　日本の経済成長の原動力は何であったのだろうか？

　需要面と供給面から日本の経済成長に貢献した要因を探るのが，問い5に対する6章の課題である。生産物は，一定の収益を見こした価格で販売することが生産者にとって必要不可欠である。生産物の購入（需要）は，購入者の用途に応じて家計（消費者），企業，政府，あるいは海外の個人・企業で異なる。また，誰がこれら経済主体の主要な購入者であったのかは時期によっても異なる。当然のことながら，それぞれの購入者は，時代の変化に応じて，量的にも満たされ，質の高い，そして利便性のある商品を求める。そのような購入者の要求を満たすための需要の拡大はどの経済主体によって保証されたのかを検討する。

　経済成長の要因を商品提供（供給）の生産者側から見てみると，生産の仕組みは，提供する商品や企業の生産編成方式によって様々である。しかし生産を構成する基本的要素は，生産の場である土地や建物があることを前提とすれば，原材料，機械設備，労働からなる。これらの生産要素を結合して生産が行われる。一般には生産要素，すなわち原材料，機械設備，労働の使用量を増やすことによって，規模を拡張し生産の増加を図ることができるが，質の良い商品をより多く生産するためには，生産要素の質をより一層高めることで，生産要素を拡大することよりも効率的な生産が可能となる。ここでは，生産要素の質が高まったことによる生産の増大や商品の改善部分を技術進歩における貢献分と名付けることにする。経済成長が供給面からみて生産要素の拡大によるものなのか，それとも技術革新によるものなのかも考察することにしよう。

問い6　経済成長の成果は誰のものなのだろうか，またその果実はどのように配分されてきたのだろうか？

　この問いを第7章では企業における所得の分配という観点から考察する。生産の果実である企業所得（利潤）は，その企業の労働に従事する就業者（労働者），企業の経営者（資本家），そして出資者としての株主に分配される。

　経済活動の大半を占める企業の所得分配方式とはどのようなものなのかを考える出発点として，戦前から続いてきた日本型経営方式の特徴を概観することにする。1990年代以降，従来の日本的経営方式が変貌を遂げたといわれているが，どのように変わったのか，その結果，雇用形態にどのような影響を与えたかを検討する。また，経営方式の変化は，生産の果実への配分方式にどのような影響を与えたかも考察する。最後に，経営方式，雇用形態の変化に伴って近年問題になっている所得格差，相対的貧困がどのような形態をとり，その原因は何処にあるのかを探ることにしよう。

問い7　日本経済をめぐる国際経済関係とはどのようなものなのだろうか？

　第8章は，日本の経済社会を制約する国際的経済関係を概観しながらこの問いを考察する。まず，戦後世界経済の中での日本の位置を確かめる。最近の世界の国際経済動向も見てもわかるように，日本と世界の関係は常に変化している。このような国際経済の環境変化が日本経済に及ぼした影響をいくつかの側面から概観する。第一は，国際的な商品取引の取り決めを行っている国際貿易機構（IMF，GATT，WTOなど）の性格とその変貌が日本経済に及ぼした影響である。日本と他の先進諸国との間では，経済成長の過程の中で貿易をめぐるトラブル（貿易摩擦）がたびたび生じた。その時々の貿易摩擦に日本企業，および政府はどのように対処したのかを検討する。第二は，世界的な経済危機の影響である。1973〜74年の原油価格の大幅な引き上げ（オイルショック），1998年のアジア通貨危機，2008年のリーマンショックなどの危機の性格を捉えるとともに，それらが日本経済へ与えた影響を考察することにしよう。

問い8　政府の役割はなにか？　日本の財政赤字は何が問題なのか？

　マスコミにもたびたび取り上げられるように，政府の借金残高（国債発行残

高）は 2018 年度末現在で 883 兆円に達し，これは 1 年間の日本全体の生産規模（GDP）である 548 兆円の約 1.6 倍に達する。第 9 章で扱うこの問いに対しては，まず赤字発生の原因とともに拡大原因がどこにあるかを探る。特に，政府の収入（歳入）と支出（歳出）の内容と変化を辿ることによって政府の役割を確認する。そのうえで政府自体が財政赤字を常に持ち続けることが問題であるのかどうかを私たちの家計の収入と支出の差額（収支）との対比で考えてみることにしよう。

問い 9　今後高い経済成長は可能だろうか？　高い経済成長は本当に必要なのだろうか？

　第 10 章で取り扱うこの問いに対しては，まず過去 20 年間の日本経済の軌跡を振り返り，日本経済がおかれている内外の状況を検討することから始める。

　経済成長という言葉は，しばしば経済発展と同義語のように用いられる。できるだけ多くの財・サービスを私たちの日常生活において享受できることは経済成長によって実現できる。一方で，著者らは，経済発展を私たちの生活が量的にも質的にも豊かになることとして捉えている。その意味では，経済成長によって経済発展がもたらされる。それでは，高い経済成長が保証できなければ生活の質を改善していくことができないのだろうか？　低い経済成長のもとでも，高度成長期に汚染された大気や河川の水質は大幅に改善された。現代社会においては，このような生活の質についての改善すべき課題はまだ数多く残されている。過去 15 年間に起った大災害（大震災，大洪水）はその地域に生活する多くの人々の生命を奪っただけでなく，大多数の人々の生活基盤を根本的に破壊した。そして，未だに多数の人々が被災地，あるいは住み慣れた故郷以外の土地で不自由な生活を余儀なくされている。もちろん，このような災害は避けることはできないが，過去の重要な教訓にもとづく防災対策は可能で，そのような防災対策を通じて将来起こりうる災害を極力最小限にとどめることができよう。このような防災対策，地域の維持補修は未曽有の被害を防ぐことを可能にし，私たちの日常レベルで安心した生活を維持できるという点で経済発展といえよう。このような経済発展は，単なる量的な拡大以上に必要とされ，そのためには我々が何をなすべきかが問われているといえる。

　またさらに，現在の問題としてプラスティックごみなどの多量の廃棄物が海洋に流れ出し，生態系に深刻な影響を与え，国境を超えた環境悪化をもたらしている。このような環境悪化を防ぐためには，一国レベルを超えた国際協調が必要で，日本が果たす役割についても考えてみたい。

問い10　経済学は経済社会をどのように捉えてきたのだろうか？

　経済学の考え方（思想）は，それぞれの時代の政治経済的状況によって異なり，その時々の階級，階層に属する人々の利害を反映していた。第11章では，経済学の思想の特徴とその変遷を各時代の主要な経済思想に焦点を当て考察することにしよう。

　以上の問いからなる10章のテーマは，それぞれが互いに関連を持っている。最初の第2～4章は，経済学の基礎編にあたる。第5～8章は，戦後日本経済の分析，第9～10章は，政策的課題を取り扱っている。第11章は，個別のテーマを取り上げたもので，基礎編を読んでおけば理解は可能である。

推薦図書

　この章で掲げた推薦図書は，本書で扱うことができなかったトピックに関わる。興味に応じて手に取ってもいいし，全体を読み終えた後読むのもいいかもしれない。

- 大江正章『地域に希望あり　まち・人・仕事を創る（岩波新書）』岩波書店，2015年
　人口減少，少子高齢化の中，地域の将来は日本の社会全体将来でもある。地域の再生と未来を具体的取り組みの中でその展望を描いている。
- 野口悠紀雄『世界経済入門（講談社現代新書）』講談社，2018年
　世界経済を読み解く上で重要な自由貿易や国際金融の仕組みなどを，基礎から理解できるようにわかりやすく解説し，アメリカ・中国・NIES・EUの最新の経済動向にも言及している。

- 石田　修ほか『現代世界経済をとらえる　Ver. 5』東洋経済新報社，2010 年

　グローバリゼーションは，富を生み，豊かさをもたらすと期待されたが，金融経済の肥大化のあと，その破綻，格差拡大が拡大するなど，光ばかりでなく影も指摘する。

- 西部　忠『貨幣という謎──金と日銀券とビットコイン（NHK 出版新書）』NHK 出版，2014 年

　金，一万円札，電子マネーの違い，ビットコインの性格など貨幣の持つ不思議な原理をわかりやすく解説している。

注

1)　Eric Roll (1953) *"A History of Economic Thought 2nd edition and enlarged."* Faber and Farber Ltd., London, pp. 13-20. 隅谷三喜男訳 (1970)『経済学説史』有斐閣，27-32 ページ。

2)　標準産業分類にしたがって，産業の範囲が定められている。

第2章
経済と社会

2.1　経済と社会をどう捉えるか？

2.1.1　人口と経済

（1）　日本の人口減少

　本章では，企業内や産業間，社会全体の中で人々が協力し，生産物を生産していく様子を様々な角度から掘り下げて検討する。当面，生産物は人間が広く自然に働きかけて作ったモノとして定義する。さて，この検討のために，まず，現在の日本の人口規模や経済規模との関係を確認していこう。多くの読者が，現代の日本社会の状態をイメージする際に，マスコミなどで報道される「人口減少」の問題を思い浮かべるであろう。実際に，日本では2010年から2015年までの5年間に96.2万人ほど人口が減少したことがわかっている。この数値は千葉県千葉市の人口とほぼ同規模である（「国勢調査」と「住民基本台帳人口」に基づいた2019年6月時点の千葉市の推計人口は97万9768人）。加えて，別の観点からみるために，1年間に換算した変化率では，年率0.15%の減少率となる。言い換えると，年率マイナス0.15%の変化である。一般に，人口減少という場合，絶対的な人口の減少と相対的な変化率の二つのどちらかを指す場合が多い。確かに，日本社会全体で千葉市のような大きな自治体規模の人口が5年間で消失する事態は，一見，驚くべきことである。では近年の人口減少

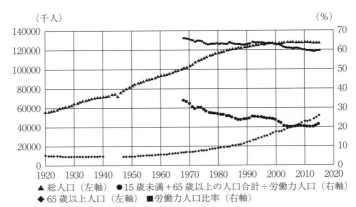

（千人）　　　　　　　　　　　　　　　　　　　　　　　　　　　　　　　　（%）

▲ 総人口（左軸）　● 15 歳未満＋65 歳以上の人口合計÷労働力人口（右軸）
◆ 65 歳以上人口（左軸）　■労働力人口比率（右軸）

図2.1　日本の総人口の人口増減数の推移（1920 年以降）

（資料）総務省「労働力調査長期時系列データ」および総務省「我が国の推計人口（大正 9 年〜平成 12 年）」,「長期時系列データ（平成 12 年〜27 年）」より作成。
URL：https://www.stat.go.jp/data/roudou/longtime/03roudou.html
URL：https://www.stat.go.jp/data/jinsui/2.html（2019 年 10 月 26 日アクセス）

の何が問題なのだろうか。そもそもこのような人口の相対的な減少や絶対的な水準は私達の生活にどのように関連しているのだろうか。そこで，本章では，人口というキーワードから日本社会の現在の特徴と過去からの趨勢をみていく。加えて，人口と私達の生活との関連を検討することにしよう。

（2）　人口減少の現状

　図2.1 は，日本社会の人口の推移を示したものである。この図によれば，1920 年に 5596 万人であった人口は徐々に増大し，2010 年にピークを迎え，1 億 2806 万人となった。この 1920 年から 2010 年までの 90 年間で年率 0.92% の割合で増大していたことがわかる。ただし，人口の増え方は，図を概観するとわかるように，一定ではない。第二次世界大戦が終結した 1945 年以後の混乱期を除き，1950 年代から 1960 年代にかけての約 20 年間は平均して年率 1.11% の増大率であった[1]。ちょうどこの時期，日本は現在の新興国，すなわち中華人民共和国やインドのように経済規模の拡大（年率 10% ほどの高い経済成長率）を遂げていた。この背景には人口規模の拡大が日本の経済成長率の水準に影響しているのだが，これら諸点は第 6 章で検討する。一方で，日本の人口は，2010 年以降より減少へと転じた。

（3）　労働力の定義

　近年話題に上る人口問題関連のキーワードとして，日本社会の高齢化をあげることができる。

　図2.1では65歳以上の人口が全人口に占める割合も示している。この65歳以上人口の割合をみると，1950年代以降に緩やかに上昇し始め，1990年代になって急激に増大していたことがみてとれる。日本社会の将来を考え，公的年金制度の持続性等を議論すると漠然とした不安が沸いてくるのは一定理解できる。そこで，以下では，支えられる側の人口と働いている人たちの人口の関係についてみてみよう。ここでいう支えられる側とは，義務教育を終了するまでの人と加齢により就業できない年齢層を加えたものである。詳しい検証は第10章において議論するが，結論を先取りやや大まかな議論をすれば，①15歳未満人口と65歳以上人口を加えた数値と②15歳以上で働いている人たちと働くことを希望する人たちの数値の比率（①÷②）をみればよい。この数値は1970年以降に徐々に低下している。つまり，働き手の人数といわゆる「支えられる側」の人数とを比較した場合に，図では働き手の方が増えていることを示しているのである。

　次に，働き手の人数をみてみよう。日本では，近年，人口減少が進む中で人手の不足が進んでいるといわれている。実際，新聞記事などの報道で「人手不足」というタイトルが頻出している。ここでいう人手とは，2種類に分けることができる。第一に，主には，実際に働いている人たちについてである。第二に，働くことを今後希望しているが働くことができていない，つまり失業している人たちを指す。経済学では，前者を就業者と呼び，後者を完全失業者と呼んでいる（図2.2）。一般にいわれている人手不足とは，企業が求人をかけ，失業者を新たに雇用していくことで，徐々に，個々の企業や経済全体で募集人員数の通りに人を確保できなくなっていく状態を指す。このような人手不足の問題を考えるためには，働くことが可能な人や働くことを希望する人（完全失業者）と実際に働いている人（就業者）とに分類し，社会全体で人数を把握する必要がある。そこで，各国政府の統計では，図2.2のように，15歳以上人口を，①働くことを希望する人たちである労働力人口と②非労働力人口とに分けて分類している[2]。このような前提の下で，①労働力人口とは15歳以上人

15歳以上人口＝労働力人口＋非労働力人口

労働力人口＝就業者＋完全失業者

非労働力人口＝通学＋家事＋その他（高齢者）

労働力人口比率＝15歳以上人口に占める労働力人口の割合

図2.2　労働力の定義（総務省統計局）
（資料）総務省「労働力調査年報」より筆者作成。

口のみが対象となり，他方で，②非労働力人口とは，学生（通学と表記）と家事を行う人たち（家事），そして高齢者などで構成されている。ただし，非労働力人口と分類された人たちが，就業を希望し仕事を探し始めた場合には，労働力人口に分類される。実際に就業した場合もそうである。

(4)　2013年以降の労働力人口比率の増大：高齢者や女性の就業増

　ところで，今までの議論では，労働力人口を日本社会の働き手としてみなしてきた。一般に他者に販売するための生産物を商品と呼ぶが，働き手とは商品を生産する人たちを指す。

　ところが新しいタイプの働き方として，ボランティア活動が注目されている。1995年の阪神淡路大震災以降，ボランティアに参加する人たちが増加している。後のコラムで紹介する家事，介護・看護，保育等の家事活動もそうであるが，他者のために働きかけをする活動は，近年，日本で増大している。これらを無償労働と呼ぶ。企業を退職した高齢者層の参入も見込むことができるため，今後，この無償労働の存在は無視できなくなるであろう。

　一方で，商品を生産するためには，企業に就職したり，自ら資金を集めて起業したりする必要がある。経済学では，前者を労働者と呼び，後者を自営業者と呼ぶ。先の労働力人口には，このような労働者や自営業者を含んだ内容となっている。2013年以降の日本の労働力人口について注目される変化として，15歳以上人口に占める労働力人口の割合が増大していることを挙げておこう[3]。実は，この労働力人口の割合の変動は，将来の公的年金の給付額の予測と関係している[4]。当然，労働力人口の増減には，出生（または後述する合計特殊出生率），死亡（または死亡率）なども関連する。というのは，労働力人口の増加にともない，今後生産される商品に相当する金額（後述するが Gross Domestic Products で近似できる）が増加すれば，公的年金の給付額を増やすことが可能だからである。この労働力人口の増大のためには，15 歳以上の人口の増大の他に，これまで就業を希望せずに，非労働力人口に分類されていた人たちが就業を希望し，労働力人口に分類されることも必要である。就業を希望しながらも，それを阻んでいる社会的要因は，いくつも挙げることができる。たとえば，就業を希望しながら，保育所・幼稚園などの初等教育の制度が整備されていないために，その子どもの親等が就業できないケースである。自分の親や親類を介護している人たちにも同様なケースが多く存在する。

（5）　出生率低下の原因

　人口の増減は，生まれてくる人数（出生数）と亡くなる人の人数（死亡数）の差によって決定される。この増減は，自然増減と呼ばれている。そのほか国内外や府県等の地域間での移動によって，ある国やある地域の人口は増減するが，このとき転入した人数と転出した人数の差を社会増減と呼ぶ。ここではしばらくは，自然増減，とりわけ出生数のみについて焦点を当てて議論する。現在の 15 歳から 49 歳までの女性の人口と出生数を比率として計測した指標に，合計特殊出生率がある。これは，厳密に言えば，15 歳から 49 歳までの女性の各年齢別の出生数を年齢別人口構成割合で平均化したものである。この合計特殊出生率は，当該年の女性 1 名が，一生の間に出産する子どもの人数の平均を示している。4 ヵ国の合計特殊出生率を掲載した図 2.3 によれば，2017 年の日本の数値は 1.43 であった。この数値は，2017 年においては日本の女性が一生の間に平均して 1.43 人の子どもを出産することを示す。この合計特殊出生率は，人口規模の維持のためには，女性 1 名分だけではなくパートナー（たとえば代表的には婚姻関係を結んでいる夫）である男性も含めて 2.0 以上ではないといけないことが直感的にわかる。しかし，実際には日本のケースではこの 2.0 を 1975 年以降，大きく下回ってきた。図 2.1 でみたような近年の日本の人口減少は，この合計特殊出生率の低下が原因の一つである。加えて，日本の合計特殊出生率の推移の特徴は，他の先進国（英国，スウェーデン，フランス）と同様に，1970 年代以降，徐々に低下してきたことにある。しかし，大きく異なるのは日本と同じように低下していた英国の場合には 1997 年以降，上昇に転じていた。また，スウェーデンの場合は 1978 年と 1994 年以降に二度ほど

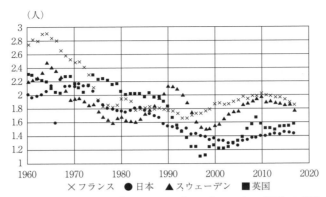

図2.3　合計特殊出生率（フランス，日本，スウェーデン，英国）の推移
（資料）：OECD *"OECD Data Fertility Rates"*.
URL：https://data.oecd.org/pop/fertility-rates.htm（2019 年 10 月 26 日アクセス）

反転している。同様に，フランスの場合も 1979 年と 1994 年に出生率が二度ほど上昇していた。このように合計特殊出生率が単に減少していくだけではなく，反転すること自体も驚きであるが，実際に 3 ヵ国が経験していることがわかる。

もう一つの重要な働き方：無償労働

　家事，介護・看護，保育等の家事やボランティア活動は，総称として "Un-paid Work"（無償労働）と呼ばれている。無償労働の内容は，総じてある個人から他者に対する働きかけである。この点については先にあげた他人に雇われて働くことや自らの会社で働いて何かの生産物を生産することと変わらないようにみえる。会社で雇われて働くこととの相違点は，無償労働ではその生産物を無料で提供している点にある（内閣府経済社会総合研究所（2018）「無償労働の貨幣評価」）。無償労働の内容の多くは，対人サービスであり，人々の生活にとって必須のものが多い。しかし，近年，このような無償労働が，世帯人員数の減少によって家庭内で提供できなくなってきている。そこで，政府は税・社会保障を財源に介護を提供する制度（介護保険制度，2000年）を創設して解決を図ってきた。一方で，最近，社会問題となっている保育所不足や介護保険給付水準の切り下げが政府によって行われている。従来，無償労働によって担ってきた重要な活動を，どのような仕組みで維持するか，今後の重要な課題である。

表 2.1　出生率上位下位の都道府県

1970 年上位 5 都道府県	出生率	1970 年下位 5 都道府県	出生率	2017 年上位 5 都道府県	出生率	2017 年下位 5 都道府県	出生率
沖　縄	2.88	東　京	1.63	沖　縄	1.94	東　京	1.21
岩　手	2.14	京　都	1.81	宮　崎	1.73	北海道	1.29
福　島	2.13	北海道	1.82	島　根	1.72	宮　城	1.31
滋　賀	2.13	福　岡	1.83	長　崎	1.7	京　都	1.31
長　崎	2.13	奈　良	1.85	鹿児島	1.69	奈　良	1.33
1970 年全国平均　1.91				2017 年全国平均　1.43			

（資料）：国立社会保障・人口問題研究所「人口統計資料集」，厚生労働省「人口動態統計」
URL：https://www.mhlw.go.jp/toukei/list/81-1.html（2019 年 11 月 2 日アクセス）

　これらの国々の出生率は，どのような要因によって反転したのであろうか。フランスの場合には小学校生以下の子どもやその親を対象にした保育サービスが手厚く提供されるようになったといわれている（このサービスを現物給付と呼ぶ。以降では現物給付額と GDP の比で高低をみている）。スウェーデンの場合にはそれに加えて現金が支給される手厚い制度が存在する。そのスウェーデンでは，1995 年の現物給付の削減に連動し出生率が以降低下したことをうけ，再度，現物給付の水準を回復したところ，出生率も上昇したという実績がある。フランスの 1990 年中葉の出生率の回復も現物給付の拡充が急速に進んだ時期（1990 年から 2000 年）との重なりが示唆される。これらのことから，出生率と保育サービスの費用を社会的に負担することとの関連，具体的には，社会保障制度等の法的なルールや慣習が検討されるべき課題であることがわかる。

　このように近年，低水準となっている日本の合計特殊出生率だが，図をみると，元々は 1974 年までは 2.0 を上回っていたことがわかる。では，なぜ，この合計特殊出生率が低下したのであろうか。この出生率の低下の要因を検討するために，表 2.1 には，この合計特殊出生率上位 5 位と下位 5 位の都道府県を掲載している。1970 年のみならず 2017 年の下位にも人口規模が最大の東京都がランクインしていた。対照的に，合計特殊出生率が高い県は，1970 年と 2017 年ともに沖縄県であった。地域別の出生率の差異が存在していることがわかる。今後，人口減少を緩やかにするために，地域別の出生率の差異をどのように考えるのか。この問題を明らかにするためには，就業や生産などの経済

問題以外にも，子育ての担い手や費用負担，家族の規模などの複数の学問領域（社会学，経済学，政治学，法学等）を重ね合わせながら，活発な議論を継続していく必要があるだろう。

2.2　人間社会はどのように生産水準を上昇させてきたか

2.2.1　自然と人間

　人類が誕生して以来，人間は集団として生活し，自然に働きかけることで，人間にとって有用な生産物を得てきた。たとえば，有用な生産物とは，食糧やそれを得るための道具など，人間の生存のために必要なものである。人間が自然にはたらきかけるとは，まったく新しい物質を生み出すことではなく，通常の生活の中で，自然界に存在する物質に対して，力を加えて削る・切断・曲げる等の加工をしたり，別の物質を混ぜたり加えたりすること等の行いである。

　人間と自然との関係について改めて考えると，人間それ自体も物質から構成されており，自然界の一部である。そこで，人間も自然の一部であることを踏まえて，人間を内的自然と呼ぼう。そして，人間以外の自然を外的自然と呼ぼう。この新しい二つの区分を用いると，前述の内容は主には，内的自然の人間が，外的自然に働きかける活動をしてきたといえる。この活動の成果は，物質的な生産物，または人間の目に見える生産物を例に挙げることができる。すなわち，コメ等の食糧全般や日用品等の消費財，住宅や自動車等の耐久消費財，エンジンや工作機械等の生産財がそうである。ここで，価格の付いた商品ではなく，あえて生産物と呼ぶのは，無償のものも含めて考察していくためである。ところで，近年，増大している医療，介護，教育等の対人サービスなどはどのような位置づけになるであろうか。これは，働きかける主体とその対象がともに人間であるから，内的自然の人間が内的自然の人間に対して働きかける活動と整理することができる。人間や人間が集まる社会の持続性を考えると，どちらも必須の働きかけであることがわかる。

2.2.2　生産水準の向上と経済の仕組みの特徴

　人間の働きかけは，労働や労働支出と言い換えることができる。1日当たりや週当たり，年当たりの労働時間をカウントする作業は，労働の長短を計測するためのものである。新たに生産された生産物（Gross Domestic Products：GDP）の量（今回は1990年のドル通貨単位で合計したものを使用する）を，経済全体の労働時間によって除した一人当たりGDPを考えよう（図2.4）。なお，GDPの詳しい仕組みについては第3章で述べる。この一人当たりGDPをみることで，ある特定社会のある時点の生産技術の水準や発展の度合いを検証することができる。この一人当たりGDPが高い水準であればあるほど，人間は多くの生産物を取得し消費することが可能となるわけである。

　以降では，1人当たりGDPの過去の推移について検討し，その上昇の要因を考察していく。まず，一人当たりGDPは歴史上，同じ率で成長してきたわけではない（安定した成長が保障されているわけではなかった）。図2.4に示したように，日本と英国，中国の3カ国の1700年から近年までの一人当たりGDPの水準はいくつかの特徴がある[5]。まず，共通点として，ある時期まではほとんど成長せず，その後，緩やかな成長を経て，特定の時期に急上昇している。英国でいえば，1750年前後から成長率が上昇しはじめていることがわかる。ただし，図2.4の縦軸（一人当たりGDP）は，対数表示目盛を使っているため，成長率に変化がある場合（たとえば年率2%から年率5%への増大）に，図の傾きが変化（今回はデータの傾きが縦軸に近づく）するようになっている。成長率が前年と同じ場合は，図2.4では傾きは変化しない。次に日本のケースについてみると，1850年前後と1950年前後に劇的な変化があったことがわかる。中国は，成長率が一定の期間が長く続いていたが，1970年代後半から急激に変化が生じていたことがみてとれる。

　次節でみるように，急激に成長した時期には，生産方法に変化が生じている。たとえば，かつて河川などの水流を動力に変える水車や人間が運動し簡易な動力を得ていたものから，巨大なエネルギーを化石燃料から取り出し，大きな動力に変える機械を用いることで，多くの生産物を生産することを可能にしてきた。このような一人当たりGDPの上昇を，（労働）生産性の上昇や技術進歩

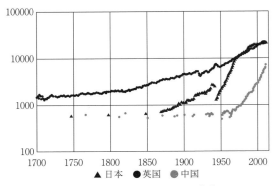

図2.4　各国1人当たり GDP の比較

単位：1990年ドル／人。（資料）：Groningen Growth and Development Center "Maddison Project Database 2018" より引用。
URL：https://www.rug.nl/ggdc/historicaldevelopment/maddison/releases/maddison-project-database-2018（2019年10月26日アクセス）

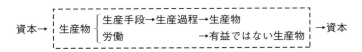

図2.5　マルクスの資本の一般的定式（一部改変）

（資料）：置塩信雄（2004）『経済学と現代の諸課題』大月書店；角田修一（2011）『概説社会経済学』文理閣，表5-1, p.44；吉田文和（1980）『環境と技術の経済学：人間と自然の物質代謝の理論』青木書店，p.51 より。

と呼んでいる。

　図2.5に，この生産の仕組みを示す。左側から右側にかけてみていくと，人間が行う生産活動の流れがわかる。まず，生産活動のために，たとえば，企業などが資本（資金）を投じて，生産物を購入する。この生産物とは，①生産のために使用する機械等の生産手段と②労働者の雇用の2点である。企業は労働者を雇用する際に賃金を支払うが，その賃金が労働者の食糧などの生活手段として支出されたとみなす。生産過程は，①と②とを用いて実際に生産物を生産するプロセスである。より具体的には，製造業でいう工場の建物内にある製造ラインを想像してほしい。製造ラインが進み，部品の取り付けが進むと最終的に生産物が完成する。この生産物は，工場から出荷され，価格が付けられて販

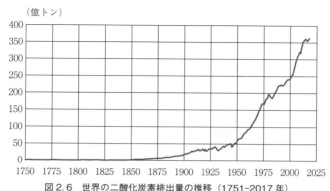

図2.6　世界の二酸化炭素排出量の推移（1751-2017年）

（資料）：The Global Carbon Project and Carbon Dioxide Information
URL：https://ourworldindata.org/contributed-most-global-co2（2019年10月27日アクセス）

売され，資本（資金）が回収される。

さて，この流れの内の価格付けや資本という貨幣単位の議論をいったん捨象しよう。図2.5では，点線の四角囲みがその捨象した状況を示す。そうすると，価格付けされたものを取り上げている時には可視化されていなかった有益ではない生産物がみえてくる。たとえば，生産の際に化石燃料を燃焼させて，生産手段とするケースを考えてみる。このような生産活動の結果，多くの人間にとって有用な生産物が生産される。その一方で，人間にとって有用ではない生産物，たとえば，大量の二酸化炭素が排出される。この生産過程の中で排出された大量の二酸化炭素には，価格付けがされておらず，誰かが購入したり，誰かに対して販売したりするわけではない。ここで図2.6をみると CO_2 排出量の推移は，18世紀中葉の時期から増大し，特に，1950年以降になって急激に増大したことがわかる。この推移の特徴は，図2.4の各国1人あたりGDPの比較でみたように，一人当たりGDPの増大した時期とちょうど重なっている。つまり，この時期に有用な生産物（ここではGDP）と有用ではない生産物（二酸化炭素）が同時に発生したことを示している。

外的自然の中の変動，たとえば地震等は，人間の経済活動に関わりなく生じる。それに加えて，人間という内的自然から外的自然への働きかけによって，気候等が変動するケースが存在する。たとえば先の生産活動の活発化による二

酸化炭素の大量の発生と，それによる気候変動の事例である。結果として，生産活動は生態系へ影響を及ぼす。その影響の認識と対策が生態系の維持，すなわち生命の再生産の前提となる。

2.2.3　社会の経済的構造

　図 2.5 内の点線で示した生産活動の様子は，生産物の価格を考慮せず，生産物が何をもとに生産されるのかを考察するためのものであった。さらに，この図について詳しく説明することで，現在の日本や世界の経済の仕組みの特徴について検討をしていく。3 点ほど特徴を述べる。

　まず，「労働」という言葉は，経済全体の生産活動を総じて描写しており，多くの就業者が共同でそれぞれの工場・事業所，企業で投じている労働時間を指している。周知のように，人間は，ある特定の個人のみでは，生産活動をすることができない。社会の中で人は協力し合って生存しなければならないという意味で，人間はきわめて①社会的な存在である。

　第二に，広く社会の人間同士のつながり（関係）を見た場合，②さまざまな種類の関係が存在することがわかる。友人関係，血縁関係，地域内でのつながり，職場の中の人間関係（同僚や上司，部下）等が具体的な例として考えられる。

　第三は，生産活動に関わる関係についてである。そもそも生産活動は，多くの人の協力によって実現している。現在の社会では労働者自身は何を生産するのかという決定権をもたない。労働者を雇う資本家が生産のための決定を担っている。このような③生産活動による生産物の処分をめぐる経済関係は特に，生産関係と呼ばれる。この生産関係にはさまざまなタイプのものがあり，先にあげた資本家と労働者の関係，封建領主と農奴の関係などがある。ここで農奴とは農業生産者を指す。実際の生産は，労働者と農奴が行う。前者の場合は生産の際に使用する機械等の生産手段を資本家が所有しているが，後者の場合は，実際に生産活動を行う農奴が農機具などの生産手段を所有してきた。重要な点は，図 2.4 の各国 1 人当たり GDP の比較でみたように，英国では 1750 年に生じた一人当たり GDP の急激な上昇の前後で，労働者が増加し，農奴が減少する現象が同時に生じていた点である。つまり，このとき英国社会での生産関係に変化が生じていたわけである。同様の現象は，一人当たり GDP の急激な

変化があった 1850 年前後の日本にも生じていた。

2.3　人口減少に対する今後の対応

　冒頭に記した日本社会の人口減少は，2015 年以降，確実にかつ緩やかに進んでいることをみた。本章で検討した人口減少問題の焦点は，社会全体で消費可能な生産物の量を増大させ，社会全体の人口減少の影響を取り除くための方策の内容であった。社会全体の人口減少の影響を検討する際に，踏まえるべき基本的な指標は，15 歳未満や 65 歳以上の支えられる側の人口と 15 歳以上の労働者の比率であった。ここ 5 年間の人口減少は，巨大な都市の人口に相当する数が消失するというショッキングなものであったが，この減少分の数値のみが問題ではないことはすでにみてきたとおりである。特に，本章では，人口問題を考える際に，支えられる側と生産する側との関係を検討しなければならないということを確認してきた。言い換えれば，人間同士の相互の関係の性質をみることであった。

　本章ではまた，人口減少による社会への影響を緩和するための方策を，3 つの手段に分けて検討してきた。第一に，15 歳以上の人々のなかで，就業を希望している人と就業している人たちの占める割合（労働力率）が重要であることを確認した。この労働力率が上昇すれば，社会全体で消費可能な生産物が増大する。この労働力率の上昇のためには，保育サービスの充実や介護等の充実を図り，当事者の経済的負担を軽減する必要があるであろう。加えて，この軽減策が同時に，出生率を引き上げることにつながる可能性がある。出生率の上昇は人口増加につながる。出生率が増大すれば，15 歳未満や 65 歳以上の支えられる側の人口と 15 歳以上の労働者の比率が低下し，社会全体で消費可能な生産物の量も増大するであろう。

　第二に，社会全体で消費可能な生産物の量を増大させ，社会全体の人口減少の影響を取り除くための方策の一つに，一人当たり GDP の水準の上昇を図ることを挙げることができる。水力から蒸気機関に生産手段が切り替わったように，新しいタイプの生産手段を導入し，一人当たり GDP を増大させていくわけである。実際，18 世紀以降，多くの国で，特定の時期を境に一人当たり

GDP の急激な上昇が見られたことを確認した。

第三に，一人当たり GDP の上昇の実現のために，資本家のような生産の決定を担う人が，新しいタイプの生産手段を導入することを計画・決定していく必要がある。現在の世界経済では，第7章でみるように企業そのものや企業の取締役会の役員，言い換えれば，資本家が決定権を担っている。しかも，18世紀以降の各国における一人当たり GDP の急激な上昇を考慮すると，この決定は，個々や一部の資本家だけではなく，集団として，経済全体の資本家がまるで協調したかのようになされてきたことに留意が必要である。そこで，後の章では，日本社会を例に，一人当たり GDP の上昇の要因について，加えて経済成長の要因を含めて検討していく。

最後に，何を生産するのか，何を消費するのか，我々は何のために働くのか，という普段は考えることが難しい問いについても考えておきたい。本章で見たように人口減少の影響を緩和する目的で一人当たり GDP の上昇を検討する際には，最終的に社会全体で生産し消費すべき生産物のリストの中身が問題となってくるはずである。人々には，そもそも，有用なものを求めるという原則がある。その人々の中には，たとえば加齢によって就業できない人々も多く含まれ，お金を持っていないケースもある。そのような状態にある人に，どうやって必要な生産物を届けるのか。第10章では，日本の公的年金制度を取り上げて，経済成長の持続性の条件について検討していく。次章では，社会の中での人々の生活活動のありようを表現する国民経済循環の仕組みについて考察することにしよう。

推薦図書

- 厚生労働省「厚生労働白書 平成24年度版」

人口減少と高齢化の現状，そしてそのためになすべき政策，社会保障の考え方や役割などがきれいに整理されている。厚生労働省の web-site からダウンロードできる。

- 石牟礼道子『新装版 苦海浄土（講談社文庫）』講談社，2004年

高度成長期の負の部分である四大公害の一つの水俣病の実態を描いた本であ

る。GDP の増大の陰では，負の生産物と呼ぶべき工場排水の水銀が，地域の
人々の健康をむしばんでいた。一企業の引き起こした公害であるが，広範な罪
のない人々を苦しめることになった。

注

1) 1972 年はアメリカ合衆国から現在の沖縄県が日本に返還された年である。日本の人口に，沖縄
県の人口が加わることになるため，1970 年前後の人口の比較の際には注意が必要である。他にも
1920 年以降の日本の人口調査の調査対象地域には大きな変遷がある。詳細については，日本の近
現代の入門書を読み学修することを薦める。

2) ここで，15 歳以上の人口に限定している理由は 15 歳未満の人たちが就業することを多くの国で
禁止または制限しているためである。身体や精神の発展途上で働くことは多くの場合，健康を損な
うことになり，その後の身体や精神の成長を妨げるといわれている。19 世紀の英国では，15 歳未
満の人たちが就業を強いられ，健康を損なった例が多く報告されている。横山寿一（1981）「19 世
紀中葉のイギリスの労働者生活と生命保険（上）」『立命館経済学』第 29 巻第 6 号を参照のこと。
横山氏は，Charles Roberts, (1876), Physical Requirement of Factory Children, *Journal of the Sta-
tistical Society*, 39 という論文を参考に数値を整理している。その整理によれば，都市で就業する
児童と農村で生活する児童について調査し，比べると，前者の身長は後者の 9.6 割であまり変わら
ないが，体重については 9 割しかなかった（12 歳から 13 歳）。体重についていえば，都市で就業
する児童は，農村で生活する児童と比較し，成長をしていないわけである。

3) 非労働力人口であった人たちが実際に就業する現象は，2013 年以降の日本で多く生じてきてい
る。2013 年の 65 歳以上の労働力人口比率は 20.5% であったものが，2017 年には 24.7% へと 4.2%
ポイント増加していた（総務省「労働力調査長期時系列データ」）。それはその理由は，大きく二つ
に分けて考えることができる。
　第一に，元々，以前から就業を希望しながら，家族の介護や看護，保育などの理由のために就業
を断念していたが，それらの事情が変わった等の理由である。さらに詳しく述べると，たとえば，
家族介護をしていたが，日本政府が運営する介護保険制度を活用して，介護サービスを家族が受け
ることができるようになったという事情が考えられる。第二に，当初は十分に経済的な余裕がある
ため就業を希望してなかったが，その後，経済的困窮が進んだという理由などにより，就業を希望
するようになったことである。前者は，積極的な就業希望，後者は消極的な就業希望であると呼ぶ
ことができる。両者の識別は非常に重要であり，とりわけ，人手不足の日本で，今後就業者を増や
す政策を進める際には，充分に留意すべき点である。

4) 独立行政法人労働政策研究・研修機構（2019）「労働力需給の推計―労働力需給モデル（2018 年
度版）による将来推計―」『JILPT 資料シリーズ』No. 209。政府はこの推計の数値を用いて，公的
年金の財政制度の将来の持続性を検証している。たとえば，社会保障審議会年金部会（2019）「将
来の公的年金の財政見通し（財政検証）のポイント」を参照のこと（URL：https://www.mhlw.
go.jp/content/000540198.pdf（2019 年 11 月 2 日アクセス））。前出の独立行政法人　労働政策研
究・研修機構（2019）の将来推計によれば，3 つの将来シナリオがある。それによると 2017 年の
労働力人口比率（15 歳以上人口に占める労働力人口の割合）の 60.5% が，今後，もっとも労働参
加率が高いシナリオ（成長実現・労働参加進展シナリオ）では 2040 年に 62.6% へと増大すること
となっている。20 歳から 64 歳までの労働参加率は 86.6% と推計され，2017 年の 82.8% と比較す
ると 3.8% ポイントも増大することになっている。特に，女性の 35 歳から 44 歳までの労働参加率

は 10% ポイントも増大することになっていた。政府の公的年金の財政検証では 6 つのシナリオのうち 3 つについてこのような労働参加率が高いシナリオを用いている。これら推計が本当に実現可能な数値であり，社会構成員の希望することがどうかなど，専門家以外の議論の参画が求められているといえよう。

5)　日本の古代以降の一人当たり GDP の推移についてはたとえば，以下の文献を参照のこと。高島正憲（2017）『経済成長の日本史：古代から近世の超長期 GDP 推計 730-1874』名古屋大学出版会。同書によれば，日本の一人当たり GDP の年平均率は 1600 年から 1700 年の期間について年率 0.01％，1700 年から 1800 年の期間について年率 0.24％ であった。後者の期間は，前者の期間に比して 20 倍以上に増大したことになる。本文で検討した一人当たり GDP の大きな変化の時期は 1850 年前後であったが，高島氏の推計でみた劇的な変化は 1700 年から 1800 年にかけて生じていたことになる。この相違点の説明は，本書の範囲を超えるため，展開しない。だが，古代の GDP の推計を世界中の研究者が協力して推進している。詳しくは数量経済史の研究分野の研究成果や書籍等を手に取って検討することを薦める。他の期間については，730 年から 1300 年の年平均率は 0.06％，1300 年から 1500 年は 0.02％，1500 年から 1600 年は 0.13％ であった。

第3章
国民経済循環の概要

　人々が日常の生活を営むためには，衣食住にかかわる様々な財・サービスを生産し，それらを購入して消費する必要がある。ここで，「生産する」や「消費する」という経済活動を行う基本単位を経済主体とよぶ。経済活動の内容は，経済主体によって大きく違うので，家計・企業・政府・海外などに区分される。

　家計の主な経済活動は消費であり，企業のそれは生産であり，家計と企業の間に様々な経済取引が行われ，人々の生活には不可欠である。しかし，家計と企業間の経済取引のみに任せておくと，十分に供給されない財・サービス（たとえば，医療・福祉などの公共サービス）がある。政府の主要な経済活動は，徴税をもとに必要な公共サービスなどを提供することである。経済取引は，社会経済の発展とともに，国と国の間でも活発化してくるので，経済主体は国内にとどまらず，海外とのやりとりも考慮する必要がある。

　家計・企業・政府・海外からなる経済主体間の主要な経済取引を示した経済循環の全体像は，国民経済計算（System of National Accounts：SNA）と呼ばれる総合的な経済統計システムに数値データとして整理されている。本章では，経済主体間の経済循環を説明し，それをもとに日本経済を対象にSNAについて概説する。

3.1 国民経済計算で用いられる基本図式

3.1.1 単純な図式

　図3.1は，家計と企業の間でどのような取引が行われるかを示す経済循環を図式化したものである。単純化のため，家計は生命を維持するためにパンのみを食して日々生活し，企業はパンのみを生産していると仮定する。

　家計はパンを購入するために，企業に自らの労働力を売って所得を得なければならない。企業は，家計から労働力を購入してパンを生産する必要がある。家計と企業は相互に依存せざるをえないことが確認できる。

　図3.1の内側の点線の輪は，家計が企業に労働力を売り，企業は購入した労働力をもとにパンを生産し，それを家計に販売することを示している。家計と企業の間で，労働力とパン（財）の取引が行われる流れを示している。

　外側の実線は，労働力とパンの取引にともなうお金の流れを示している。企業は労働力の対価とし賃金を支払い家計の所得となる。家計は，企業からパン購入のために所得を全て支出に回すことになる。もし企業が生産額の全てを家計の所得として還元するとすれば，事後的に，企業の生産額は家計のパンへの支払い総額に等しいということになる。

　図3.1は，労働力・財などの取引の流れを示したものであるが，家計と企業

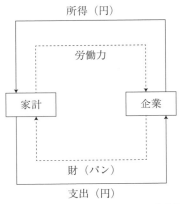

図3.1 家計と企業による簡単な経済循環

は相互に依存しなければならない関係にあることが経済循環を生む。

　労働力・財などの取引過程はお金の流れで把握することができる。労働力や財は全く異質のものであるから，それらを直接取引することはできないが，お金を媒介として取引の流れを把握できるというのは重要である。現実経済における労働力や財・サービスの取引を示す経済循環は複雑であることは言うまでもないが，その複雑な経済循環をお金の流れで把握できることは国民経済の全体像を鳥瞰する上で極めて有用である。

3.1.2 企業による財・サービスの生産活動の流れ

　日常生産される生産物は，単一の生産段階ではなく，いくつもの段階からなる生産過程を通じて完成する。以下では簡単な事例を用いて，企業の生産活動の流れを考察する。

　いま，ある経済では，農家と製粉業者と製パン業者，小売業者のみが存在するものとする。農家は小麦を生産し，製粉業者はその小麦を加工して小麦粉をつくり，その小麦粉を使って製パン業者はパンをつくり，小売業者は製パン業者からパンを仕入れて家計に販売するものとする。

　農家は，小麦を生産するためには，種子や肥料・農薬などの原材料が必要である。生産物を生み出すために必要とされるこれらの財は中間財と呼ばれる。生産活動では多くの中間財を必要とするが，簡単化のため，農家・製粉業者・製パン業者が生産のために必要とする中間財のうち，小麦および小麦粉以外の中間財はただで手に入れることができると仮定することにしよう。

　いま農家が1年間の生産活動によって得た小麦をすべて製粉業者に売り渡し，10億円の産出額があったとする。製粉業者は，中間財として小麦を10億円で購入し，そのすべてを加工して小麦粉を生産し，製パン業者に25億円で販売したとすると，産出額は25億円である。製パン業者は，製粉業者から25億円分の小麦粉を購入して，パンを製造して，小売業者に45億円で販売したら，産出額は45億円である。小売業者は，製パン業者から45億円分のパンを仕入れ，60億円で家計に販売したとすると産出額は60億円である。

　ここで，農業を除く生産段階の産出額には中間財の購入（＝中間投入）を含むという点に留意する必要がある。たとえば，製粉業者の中間財購入の10億

産出額

農家（小麦）	10 億円				10 億円
製粉業者（小麦粉）	10 億円	15 億円			25 億円
製パン業者（パン）	10 億円	15 億円	20 億円		45 億円
小売業者（販売）	10 億円	15 億円	20 億円	15 億円	60 億円

図3.2　生産段階における付加価値

円は，その前の段階である小麦の価値をそのまま移転したにすぎない。製粉業者が新たに生み出した価値は産出額から中間投入を引いた 15 億円（＝25 億円－10 億円）であり，これを付加価値と呼ぶ。各生産段階の産出額を合計してそれを付加価値とみなすと，中間投入の分を二重計算することになる。すなわち経済全体でみた付加価値の総和は，産出額の合計 140 億円（＝10 億円＋25 億円＋45 億円＋60 億円）から中間投入の合計 80 億円（＝10 億円＋25 億円＋45 億円）を引いた 60 億円ということなる。この額は，最終段階の小売業の産出額 60 億円に対応することがわかる。なお，国内総生産（Gross Domestic Product：GDP）とは，上記のような個別企業などの産出額から中間投入を引いた付加価値を国民経済全体について集計したものである。

3.2　経済主体間の経済循環の流れ

　前述したように，経済活動を行う基本単位である経済主体は，それぞれの目的によって意思決定や支出の性格などの経済行動に相違があり，家計・企業・政府・海外の 4 つに区分されることが一般的である。ここでは，経済主体間の主な経済取引を考慮した経済循環の流れを考察する（以下，図3.3参照）。

3.2.1　家計の行動

　家計は，生命維持と生活のために企業・政府に労働力を提供し，賃金（給与）を受け取る。給与の一部を租税（直接税）・社会保険料として政府に納付

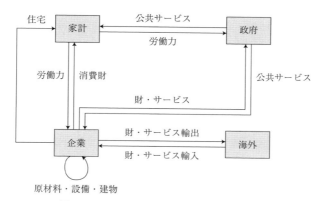

図3.3　4つの経済主体間の財・サービスの流れ
お金の流れが対応。

する。租税等控除後の給与（可処分所得）のうち，日常生活に必要な財・サービスなどの消費財を企業から購入し残額を貯蓄する。また家計は貯蓄を原資としながら住宅購入を行う。租税や社会保険料納付の対価として政府から様々な公共サービスの提供をうける。

3.2.2　企業の行動

　企業は，労働力，原材料・部品等，設備（機械等）・建物（工場等）を結合して財・サービスを生産し，家計や政府に財・サービス，設備・建物などを販売する。それだけでなく，企業間で原材料・部品や設備・建物などの売買が行われる。

　産出額から原材料や部品などの購入を控除した付加価値から，政府に租税を納め（法人税），家計に賃金（給与）を支払い，一部を減価償却費[1]（固定資本減耗）にあてると，残りが営業収入（営業余剰）となる。営業余剰のうち，借入利子，配当金，パテント料などが支払われ，残りは内部留保として企業内の資金として蓄積される。内部留保は固定資本減耗とともに企業が機械等の設備や工場等の建物を購入（企業設備投資）する際の原資になる。なお，営業余剰がマイナスの時は，内部留保から資金を取り崩すことになる。

3.2.3　政府の行動

　政府の役割は，民間に任せていたら供給が困難と思われる公共サービス（教育・医療・福祉・交通・司法・消防・警察など）や社会資本（道路・港湾・下水道・公園・文化施設など）を整備することにある。そのために，公共サービスや社会資本整備への支出と徴収すべき税収等の収入を決定し，支出に対して税収等の収入が不足する場合，公債（国債等）発行するなどの財政政策を行う。

　公共サービスは家計や企業に供給される。また政府は社会資本整備のため企業から財・サービスを購入するが，これは公共投資にあたる。

3.2.4　海外の行動

　企業が海外から財・サービスを購入する場合は財・サービスの輸入となり，財・サービスは海外から企業へ流れる。海外が企業から財・サービスを購入する場合は，財・サービスの輸出であり，財・サービスは企業から海外に流れることになる。

3.2.5　経済主体間の経済取引と市場の形成

　図 3.3 からは，経済主体間で財・サービスや労働力に関わって売りと買いという経済取引が行われていることが読み取れる。たとえば，家計と企業では，財・サービスについて，企業が売り／家計が買いという取引が成立し，労働力については，家計が売り／企業が買いという取引が行われている。

　一般的に，売りと買いという取引が形成される状況や場所を「市場」とよび，財・サービスの取引の場合「財市場」が形成され，労働力の売買取引については「労働市場」が存在する。ところで，売りという経済行動は供給を意味し，買いという経済行動は需要ということになるので，市場は，供給と需要で成立することになる。

3.3　国民経済計算に基づく日本経済の循環

　現実の国民経済における経済循環を体系化し数値データとしてまとめたもの

が国民経済計算（国民経済勘定）（System of National Account：SNA）である。ここでは，SNA にもとづいて日本における国民経済の循環構造を体系的に概説する。その際，経済循環は生産・分配・支出という 3 つの局面を把握することが重要になる。

3.3.1　生産の面からみた GDP

　個別企業の売上額から原材料や部品などの中間財購入にかかった費用を引いて算出されるものが，その企業の付加価値であり，財やサービスの生産・販売によって生み出された新たな価値ということになる。個別企業の付加価値を国民経済レベルで集計したものを SNA では単に「付加価値」と表記し，この付加価値が生産の面でみた GDP（国内総生産）になる。ここで，国民経済レベルで集計した個別企業の売上額および中間財購入に要した費用はそれぞれ「産出額」，「中間投入」と呼ばれるので，次式が成立することになる。

$$\text{GDP（生産）}= \text{付加価値} = \text{産出額} - \text{中間投入}$$

3.3.2　分配の面からみた GDP と国民可処分所得

　GDP は分配の側面からみると次のように定義される。

$$\text{GDP（分配）}= \text{営業余剰・混合所得} + \text{雇用者報酬} + \text{固定資本減耗}$$
$$+ （\text{生産・輸入品に課せられる税} - \text{補助金}）$$

　ここで雇用者報酬は，主には賃金（給与）にあたるものであり，生産活動によって生み出された付加価値のうち，労働力を提供した雇用者に分配される部分である。

　営業余剰は生産活動から創出された付加価値のうち，設備や建物などの資本ストック[2]を提供した企業などに分配される部分であり，法人企業の取り分がその大半を占めている。混合所得は個人企業の取り分である。個人企業の事業主等の所得には，労働報酬的要素である賃金（給与）にあたる部分と営業余剰にあたる部分の区分が明確でないので「混合所得」と定義されている。

　固定資本減耗[3]は，生産のために必要な機械設備等の廃棄に備えた積み立て

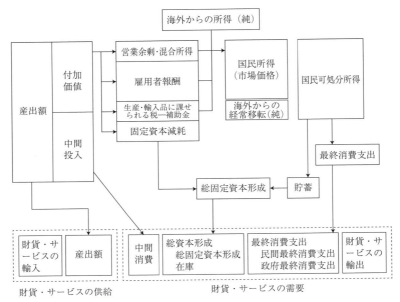

図 3.4　SNA でみた日本経済の循環

金であり，法人企業の取り分で内部資金として蓄積される。

　一般消費税や輸入関税など「生産・輸入品に課せられる税」から政府が企業等に交付する「補助金」を除いた額は，政府の取り分となる。

　ところで，GDP は，国籍を問わずにともかく日本国内でどれだけ付加価値が創出されたかという「国内」の概念である。たとえば，日本国内で生産活動に従事している労働者は，日本国籍を有している人ばかりでなく，外国人労働者も多数いる。また，企業も日本企業のみならず，外国籍企業も多数存在する。国内総生産は，その言葉が示す通り外国人労働者と外国籍企業が日本国内で経済活動に従事した成果も含まれる。しかし，分配の面でみた時は，国内外の経済活動によって結局どの程度日本国民が付加価値を生み出したかという「国民」の概念が重要になる。いくら生産の面で国内の付加価値が増えたとしても，外国人労働者と外国籍企業が得た収入の多くが，彼らの居住する本国をはじめとする海外に流出したとすれば，日本国民に分配される付加価値は少なくなり，国民生活向上には望ましくない状況になる。国民に分配される付加価値が増え

ることによってはじめて国民生活向上に結び付く。したがって，分配の面から付加価値を把握する場合，「国民」の概念で集計することが非常に重要である。

「国民」の概念で付加価値を把握するためには，GDP に海外からの要素所得[4]の受取を足して，海外への要素所得の支払を引く必要がある。このようにして求められたものが国民総所得（Gross National Income：GNI）と呼ばれる。

$$GNI = GDP + 海外からの要素所得の受取 - 海外への要素所得の支払$$

たとえば，日本企業の支社が海外で稼いだ収益の一部を日本の本社に送金した場合，これは「海外」からの要素所得の受取である。一方，日本で就業している外国人労働者が，稼いだ所得を母国に送金した場合，海外への要素所得の支払ということになる。海外からの要素所得の受取から海外への要素所得の支払を引いたものを「海外からの所得の純受取」という。

ところで，分配面でみた場合，生み出された付加価値のすべてが経済主体の判断で処分できるというものではない。生み出された付加価値のうち，たとえば固定資本減耗は，生産設備や建物が使えなくなったときに備えるための費用であるから，当該年の付加価値の処分から除外する必要がある。

国内で生み出された付加価値のうち，営業余剰・混合所得，雇用者報酬，（生産・輸入品に課せられる税 - 補助金）の合計に「海外からの所得の純受取」を足したものが国民所得（市場価格表示）[5]と定義される。

なお，海外との関係では，海外からの経常移転の受取から海外への経常移転の支払を引いた「海外からの経常移転の純受取」が存在する。ここで，経常移転というものは，具体的には無償の経済援助などで，経常的な対価を伴わない海外への支払や海外からの受取である。日本の場合，無償の経済援助をする立場にあるから，「海外からの経常移転の純受取」はマイナスであり，その分国民所得は少なくなる。結局，国民が処分可能な所得である国民可処分所得は，国民所得（市場価格表示）に「海外からの経常移転の純受取」を足して求まることになる。

国民可処分所得のうち，家計・政府などの経済主体によって消費として支出される部分が最終消費支出であり，国民可処分所得からこの最終消費支出を引いた部分は貯蓄となる。貯蓄と固定資本減耗の部分は，投資（＝総固定資本形

成）の原資になる。

3.3.3　支出の面からみた GDP

　分配された GDP をもとに，各経済主体は支出を行うが，支出は大きく分けると，「消費」，「投資」，「輸出－輸入」で構成される。前述し，図 3.4 で示したように，SNA では消費を最終消費支出と呼ぶが，経済主体の違いによって，家計最終消費支出，対家計民間非営利団体最終消費支出[6]，政府最終消費支出に区分される。また，投資は総固定資本形成と呼ばれ，民間住宅投資[7]，民間企業設備投資，公的固定資本形成から構成されている。

　家計最終費支出は，家計が消費財を購入するために支出した額を国民経済レベルで集計したものである。政府最終消費支出というときの政府は，「一般政府」と呼ばれ，「中央政府」，「地方政府」以外に「社会保障基金」を3つめの政府として構成している。一般政府の財・サービスの生産額は生産コストで定義され，生産額のうち他の経済主体が購入し負担した部分を除いて一般政府が購入したとみなし，この部分が政府最終消費支出となる。

　総固定資本形成は，各経済主体が新規に購入した有形資産および無形資産である。有形資産とは，住宅，住宅以外の建物・構築物，輸送用機械，機器設備，育成資産であり，無形固定資産は，コンピュータ・ソフトウェアなどであり，投資に位置づけられている。

　総固定資本形成には，家計の住宅購入などの「民間住宅投資」，企業が新たな工場やオフィスビルなどを建設して生産能力拡大を目的とした「民間企業設備投資」，政府が社会インフラ整備の充実のために行う公共投資であるところの「公的固定資本形成」などから構成される。

　「財貨・サービスの輸出－財貨・サービスの輸入」は国際収支表の「貿易・サービス収支」に対応する。国際収支表の貿易・サービス収支は，財貨の輸出輸入の差を示す「貿易収支」と輸送費，通信費，金融，保険，旅行などサービス取引の収支から構成される。

3.3.4　GDP の三面等価の原則

　これまで，GDP が生産・分配・支出という3つの側面をとりながら国民経

済が循環していることを具体的に説明してきた。ここで留意すべきは，同じ GDP を生産・分配・支出という違った側面からみているという点である。ある年に生産された付加価値は，それに等しく分配され，全てが何らかの形で支出されるので，生産＝分配＝支出という関係が定義上成立し，これを三面等価の原則とよぶ。SNA では，経済循環の全体像を生産・分配・支出における三面等価の原則にもとづいて経済データが整備されて体系化されている。

3.3.5　財貨・サービスの供給と需要

　ところで，生産面からみた GDP は，産出額から中間投入を差し引いたものであるから，現実にどれだけ財貨・サービスが供給されたかは，産出額でみる必要がある。また産出額はあくまでも国内の生産額であり，供給には外国からの輸入も含むことになる。すなわち，財貨・サービスの供給は，国内における産出額と輸入の合計である。

　一方，現実に財貨・サービスがどれだけ需要されるかについては，国内の中間消費，最終消費支出，総固定資本形成のみならず海外の需要である輸出を含んでいる。なおここでの中間消費は，企業が生産のため必要とした原材料や部品などの中間財の購入を国民経済レベルで集計したものである。

　財貨・サービスの供給と財貨・サービスの需要によって財市場が形成される。一般に，財市場においては供給と需要は事前には等しくないが，事後には供給と需要の不均衡は在庫変動を通じて均衡することになる。在庫変動[8]は，事前の需給不均衡を調整する役割をもっている。SNA では，在庫変動も財貨・サービスの需要を構成するとしたうえで，「財貨・サービスの供給＝財貨・サービスの需要」という財市場の均衡式が成立している。

3.4　過去 20 年間の日本経済の動向と特徴

　ここでは SNA データに基づいて，過去 20 年間の日本経済の動向とその特徴について生産・分配・支出の 3 つの側面からみることにする。

3.4.1　生産面から見た日本経済

　生産の面から GDP をみる場合，GDP デフレーターの動向が重要になる。
GDP デフレーターとは，名目 GDP を実質 GDP で除してもとめた物価指数で
ある。すなわち，

　　　GDP デフレーター（諸商品の価格）＝
　　　名目 GDP（諸商品の合計金額）／実質 GDP（諸商品の合計数量）×100

という関係がある。仮に，諸商品の合計金額が 2 倍になったとした場合，諸商
品の価格も 2 倍になっていたとしたら諸商品の合計数量には変化がないことに
なる。私たちの日常の生活水準の変化を考える場合，このような諸商品の価格
の動向の変化を考慮した GDP の変化すなわち実質 GDP の変化を見ておく必
要がある。

　それでは，何故 GDP デフレーターは，価格表示でなく指数表示なのだろう
か？　個別の商品はそれぞれに表示された価格をもっている。諸商品の価格を
総合的にみたものが物価である。ところで，実際の個別の商品は，キログラム
あたりいくら，リットルあたりいくらかなど様々な単位で金額表示されている
ので，それらを合計して物価を金額表示することはできない。そこで物価は，
金額表示ではなく，基準年を 100 とした物価指数で示されることになる。

　代表的な物価指数として，企業間取引の諸商品に関する企業物価指数や家計
が購入する諸商品を対象とする消費者物価指数などがある。GDP デフレータ
ーは，GDP に計上される全ての財・サービスを含むため，企業物価指数や消
費者物価指数よりも包括的な物価指数ということができる。

　表 3.1 の上段の表から，名目 GDP は，2000 年から減少に転じ，2015 年に
なって再び増加していることがわかる。名目 GDP に減少傾向がみられたのが
この時期の特徴である。それに対して，実質 GDP は一貫した増加傾向を示し
ている。実質 GDP の増加傾向にもかかわらず名目 GDP の減少がみられたの
は，GDP デフレ―ター，すなわち一般物価が下落したことによる。1995 年か
ら 2010 年まで，GDP デフレーターは 117 から 102 へと 15 ポイントほど下落
していることがわかる。GDP デフレーターがこれほど下落するということは，

表 3.1　生産の面から見た GDP

	国内総生産 名目	国内総生産 実質	GDP デフレーター （2011 年 = 100）
1995 年	512,542	437,100	117
2000 年	526,706	461,712	114
2005 年	524,133	489,625	107
2010 年	500,354	492,023	102
2015 年	531,986	517,601	103

	国内総生産 名目（A）	国民総所得 名目（B）	差 （B）−（A）
1995 年	512,542	516,977	4,436
2000 年	526,706	534,230	7,524
2005 年	524,133	535,495	11,362
2010 年	500,354	513,279	12,925
2015 年	531,986	552,281	20,296

（単位：10 億円）（資料）2016 年度国民経済計算

個別商品については価格が上昇したものもあるが，大半の個別商品については価格が持続的に下落していることを示している。このように，GDP デフレーターが一定期間減少し続ける傾向をデフレーションとよぶが，この 20 年間はまさにデフレーション経済であったことが確認できる。

表 3.1 の下段の表に注目すると，国民総所得が国内総生産を全ての年について上回っていることがわかる。さらに，その差をみると増加傾向を示している。1995 年には 4 兆 4360 億円であったのが，2015 年には 20 兆 2960 億円まで増加している。この差は，海外からの要素所得の受取が順調に増加していることを示している（前述のように純受取は海外からの要素所得受取から海外への要素所得の支払いを引いたものである）。日本企業の海外進出によるグローバル化が本格化したことにより，海外の日本子会社からの配当，利子などの日本本国への送金が顕著に増加したことを表している。

3.4.2　分配面からみた日本経済

雇用者報酬の構成比は，51.8％（1995 年）から 49.2％（2015 年）へと 20 年

表 3.2　分配の面から見た GDP

構成比	国内総生産（生産者価格表示）	雇用者報酬	固定資本減耗	営業余剰・混合所得	生産・輸入品に課される税（控除）補助金
1995 年	100.0	51.8	21.4	20.4	5.8
2000 年	100.0	51.1	22.4	20.2	6.5
2005 年	100.0	49.0	22.3	22.7	6.6
2010 年	100.0	50.4	23.8	19.5	6.5
2015 年	100.0	49.2	22.6	20.1	7.8

（単位：％）　（資料）2016 年度国民経済計算に基づき筆者加工作成。

間に減少傾向を示している。営業余剰・混合所得の構成比は 20.4％（1995 年）から 20.1％（2015 年）へと，変動幅はあるが比較的安定していることがわかる。

固定資本減耗は，全体期間を通じて安定している。それに対して，生産・輸入品に課せられる税（控除）補助金は，5.8％（1995 年）から 7.8％（2015 年）へと増加傾向を示している。

　総じて，企業（自営業者を含む）の取り分は大きな変化はなかった，労働者の取り分はやや減少し，その分政府の取り分が増加したということができる。これは，一般消費税の導入と消費税率の引き上げを反映して，家計から政府への所得の移転がこの 20 年間で進んだということを示している。

3.4.3　支出面からみた日本経済

　民間消費支出や民間企業設備投資の構成比は，一般に増減を繰り返す傾向がみられる。民間住宅投資および公的固定資本形成の構成比は，減少傾向が明らかである。日本ではすでに住宅ストック[9]が過剰にあること，若い人の住宅取得能力に陰りがみられることなどにより民間住宅投資の構成比は減少傾向にあると思われる。

　これに対して，政府最終消費支出と輸出および輸入の構成比は増加傾向を示しているのが特徴である。政府最終消費支出においては，医療サービスや介護サービスなどの現物給付のうち政府が税金等で賄う部分は政府が購入したとみなされ，これが政府最終消費支出の構成比の増加要因になっている。他方，膨

表 3.3 支出の面から見た GDP

構成比	1995 年	2000 年	2005 年	2010 年	2015 年
民間最終消費支出	57.3	57.0	57.2	58.4	57.2
政府最終消費支出	17.0	18.2	18.9	19.8	20.2
民間住宅投資	5.8	4.7	4.1	2.8	2.9
民間企業設備投資	14.9	15.5	15.9	13.6	15.8
公的固定資本形成	10.1	8.7	5.8	5.2	5.0
財・サービスの輸出	8.2	10.1	12.9	14.9	16.0
（控除）財貨・サービスの輸入	11.5	12.8	14.5	14.6	17.4
国内総生産	100.0	100.0	100.0	100.0	100.0

（単位：％）（資料）2016 年度国民経済計算に基づき筆者加工作成。

大な累積債務を抱えている現状で，財政支出を増やすことには限界がある。高齢化が進む中で政府最終消費支出が増加するので，公的固定資本形成を減らして財政支出の増加をできるだけ抑止せざるをえない。このような背景で，公的固定資本形成の構成比は減少傾向を示している。企業のグローバル化は，輸出輸入の両面で貿易拡大を示しており，両方とも構成比が増加していることがわかる。

推薦図書

- 中谷　巌『マクロ経済学入門（日経文庫）』日本経済新聞出版社，2007 年
  本書は，「GDP とは何か」という素朴な疑問をベースにしながらマクロ経済学の基本的考え方をわかりやすく丁寧に解説した入門書である。マクロ経済学の基礎的知識を身につけることができる好著である。
- 中村洋一『GDP 統計を知る』日本統計協会，2017 年
  本書は，2008 SNA について詳しくわかりやすく解説したものである。2008 SNA についての解説した著書はほとんど公刊されていないので，本書は貴重な文献ということができる。
- 鈴木正俊『経済データの読み方（岩波新書）』岩波書店，2006 年
  本書は，景気，財政・金融，雇用・賃金，国際貿易・通貨など主な経済指標

のデータを駆使し，日本経済の全体像を提示している。マクロ経済のデータ分析の時に大変役立つ著書である。

注

1)　減価償却費および固定資本減耗については注3)参照のこと。

2)　ストックについては，注9)を参照のこと。

3)　たとえば，企業が平均10年は使用可能な機械設備を10億円で購入したとする。この機械の物理的な耐用年数が何年になるかはわからないが，現存の機械が使用できなくなる将来に備えて，一定の積み立てが必要になってくる。そこで，10年後に同様の機械を購入するものとして10年間で10億円分を積み立てるため，毎年一定額だけ機械が磨滅すると想定する。この磨滅分は一般的には減価償却費とよばれ，企業が会計上の処理を行う。SNAでは減価償却費を固定資本減耗という用語で呼んでいる。

4)　要素所得とは，資本や労働などの生産要素の提供者が受け取る所得である。

5)　雇用者報酬，営業余剰，固定資本減耗を合計した額は，労働や資本などの生産要素に支払われた費用なので「要素費用表示の国民所得」と呼ばれる。この要素費用表示の国民所得に（生産・輸入品に課せられる税－補助金）を足したものが実際の市場取引における国民所得であるから，これを「市場価格表示の国民所得」という。

6)　「対家計民間非営利団体」とは，その実体はともかく，家計に対して市場で取引されない財・サービスを提供する主体で，私立学校，政治団体，労働組合，宗教団体が含まれる。

7)　「民間住宅投資」とは，家計および住宅賃貸業が居住用の建築物を新築または増・改築するために行う投資である。

8)　「在庫変動」は具体的には，原材料・仕掛品・製品・流通品などの在庫を合計した残高が前の時期から今期にかけてどれだけ変動したかを国民経済レベルで集計して求まる。

9)　一般的に，フローは，一定期間に流れる量をいい，ストックは，ある時点において貯まった量をいう。GDPは一定期間（たとえば1年間）における生産・分配・支出の三面における取引の流れを反映したものであるから，フローの概念である。したがって，民間企業設備投資や民間住宅投資はフローの概念である。他方，ある時点における企業の工場などの存在する生産設備（生産能力）は，これまでの設備投資が蓄積されたものであるからストックである。また，住宅投資は，新築や増・改築のための居住用建築物の一定期間の新規着工数を反映ししたものであるからフローの概念であるが，住宅ストックという場合は，ある時点において，これまでに建築された既存の住宅数を意味する。

第4章

国民経済の中の企業活動

4.1 産業と国民経済

本章では，「企業は国民経済の中でどのような役割を果たしているのであろうか」という問いを考察する。なお，企業の様々な形態については第7章で検討する。

企業の経済活動における主要な目的のひとつは，売上額から原材料費や人件費などの生産コストを差し引いた営業利益をいかに増やすかというところにある。営業利益を増やすことができればそれを原資として工場や機械などの資本ストックをさらに増やして，自らの生産能力を拡大して生産を増加させることができる。営業利益の増加は，企業の持続的拡大という存立基盤を左右するといっても過言ではない。

企業の持続的拡大に不可欠なことは，生産活動に必要な人材である従業員をしっかり確保することである。従業員確保のためには人件費というコストを支払う必要がある。また，従業員が企業の生産活動に意欲的に取り組むためには，労働条件の改善，特に賃金を持続的に上げることによって，やる気や企業への忠誠心を引き出していくことも重要である。ただし従業員の増員や賃上げはいずれも人件費の増加につながる。企業にしてみたら，営業利益を増やすために，人件費をできるだけ抑制・削減したいという誘因が働く。しかし，企業の持続的拡大には従業員を増やすことが必要である。

　企業が営業利益を増やすために，人件費を削減することには限界があるので，営業利益と人件費の増加を同時に実現することが必要になる。営業利益を増やしながら人件費の増加にも対応するためには，毎年の付加価値を増やすことが不可欠になる。付加価値は，売上額から原材料費等の中間投入を引いたものであり，企業が生み出した付加価値は，従業員に対しては人件費として支払われ，企業自らは，営業利益を得る。付加価値の増加によって，営業利益拡大と人件費増加の両立がはじめて可能になる。このことは，持続的拡大という視点からみた企業の経済活動の目的が，単に営業利益をあげるということではなく，付加価値をいかに増やすかに重点がおかれることを示している。

　国民経済における最大の関心事は，GDP で示される経済成長の行方と，そのもとで雇用がどうなるかという就業者の動向である。したがって，企業が国民経済に果たす役割においては，企業の主要な経済活動の目的である付加価値の増大によってどの程度国民経済における GDP の増大に寄与したか，企業の従業員採用がどの程度国民経済の就業者増加をもたらし雇用確保に寄与したか，が重要である。

　ところで，個別企業が生産供給する財・サービスの規模は，国民経済全体の規模からみると大変小さいので，冒頭の問いに直接応えることはできない。そこで，類似した財・サービスの生産供給を行っている企業を統合して「産業」という概念を用いて，産業が国民経済に果たす役割を論じることにする。

　ここで問題になるのは，産業をどのレベルで捉えるかということである。実際に「産業」というものを把握するときには，類似した財やサービスを生産する事業所を集計してグループ化する。「類似」をどの程度のレベルで捉えるかによって，産業の分類は違ってくる。「日本産業標準分類」では，大分類，中分類，小分類と区分されている。また，大分類を生産する財・サービスに注目して，さらに大きな分類で示したものが，第1次産業，第2次産業，第3次産業というものである。

　第1次産業と第2次産業は目に見える財を生産する。第1次産業は，コメ・魚・木材など自然に働きかけて生物資源を採取・生産し，これが財となる。第2次産業は，生物資源や鉱物資源等を加工して多様な財を生産する。これに対して第3次産業では，目にみえないが日常生活に必要な多様なサービスを生産

する。

　本章では，第1次産業，第2次産業，第3次産業という最も大きな括りで産業を捉えて，これらの産業の高度成長期以降における国民経済への寄与の程度とその変容について考察する。

4.2 高度成長期以降の産業動向と産業構造の変化

4.2.1 産業動向分析のための留意点

　産業を第1次産業，第2次産業，第3次産業に区分し，付加価値（名目GDP）と就業者の変化に着目して，高度成長期以降の産業動向を示したものが表4.1である。

　前述したように，企業の経済活動は名目付加価値を増やすことをひとつの目標としている。したがって，企業の経済活動との整合性を考えると，産業別の名目GDPをもって国民経済への寄与をはかることが望ましいということになる。また，国民経済の重要な一面である国民生活という視点から見ると，名目GDPの変化が賃金と雇用に影響を与えるので，各産業の国民生活への寄与という面でも名目GDPで捉えることが望ましい。以上のような理由で，産業別名目GDPの動向から，産業が国民経済に果たしてきた役割の変化に注目する。

　表4.1は，1970年を起点としている。1970年は，1950年代後半から続いていた高度成長の終わりの時期である。すなわち1970年の産業構造とは戦後復興期から高度成長期を経て日本がどのように産業基盤を築いてきたのか，その到達を示していることになる。

　表4.1では，この到達点を起点として，2010年までの40年間の産業の変化を，5年ごとに振り返っている。このうち，1975年から1990年は安定成長期ともよばれる時期にあり，高度成長ではないが，年率5％前後の経済成長を実現している。1975年は，第1次石油危機をきっかけに，製造業ではこれまでのような石油を大量に消費する製品製造が不可能になり，脱石油を前提とした新製品開発が求められた年である。1980年は，電気製品や自動車の対米輸出の急拡大により日米貿易摩擦が深刻化していく時期である。1985年は，アメ

表 4.1　1970 年以降の産業別名目 GDP および就業者の動向 [1]

	第1次産業	第2次産業	第3次産業		第1次産業	第2次産業	第3次産業
1970	4,488	32,673	38,599	1970	1,074	1,921	2,449
1975	8,141	59,900	86,158	1975	862	1,968	2,768
1980	8,847	94,101	146,102	1980	757	2,012	3,097
1985	10,214	121,012	202,452	1985	660	2,040	3,405
1990	10,921	165,768	275,249	1990	563	2,172	3,692
1995	8,670	150,718	335,954	1995	477	2,075	4,169
2000	8,076	144,457	355,446	2000	387	1,875	4,299
2005	6,108	129,116	365,384	2005	361	1,704	4,484
2010	5,656	120,832	352,287	2010	323	1,542	4,584

（左の表　単位：10 億円，右の表　単位：万人）
（資料）「1998 年度国民経済計算年報」，「2014 年度国民経済計算年報」

リカの貿易収支赤字の深刻化によるドル暴落危機を国際的協調で阻止するための「プラザ合意」が取り決めされた年である。1990 年は，地価や株価が実態をはなれて暴騰するバブル経済真っ盛りの時期である。1995 年から 2010 年は，バブル経済が崩壊し，日本経済が長期停滞に陥り，物価が持続的に下落するという，これまでみられなかったデフレーションを経験する時期にあった。

　以下では，安定成長期（1975 年・80 年・85 年・90 年）と停滞期（1995 年・2000 年・05 年・10 年）に区分して，各産業の動向とその特徴を明らかにする。

4.2.2　第 1 次産業の動向

　第 1 次産業は，安定成長期では名目 GDP は増加しているが，それ以降減少傾向に歯止めがかからず現在にいたっている。また，就業者は 1970 年以降一貫して減少し続けている。

　高度成長期は地方から都市への人口移動が顕著におこった時期で，多くの離農者を生み出した。1970 年以降も，離農者は増え続けた。確かに，安定成長期の名目 GDP は増加しているが，第 2 次産業や第 3 次産業に比較してもその増加の程度は小さいことがわかる。このことは，第 1 次産業における従業者の所得増加に限界があり，所得の向上を目指して，離農する人が増えたことを示している。

表 4.2 製造業における産業別名目 GDP の構成比「ベスト 8」

	1970 年		1980 年		1990 年		2000 年		2010 年	
1 位	電気機械	10.9	輸送用機械	11.3	電気機械	18.7	電気機械	18.7	電気機械	15.1
2 位	輸送用機械	10.8	食品品	11.3	一般機械	13.2	食料品	13.2	食料品	13.9
3 位	一般機械	10.7	電気機械	10.9	食料品	10.6	一般機械	10.6	輸送用機械	13.2
4 位	食料品	10.6	一般機械	10.7	輸送用機械	10	輸送用機械	10	一般機械	10
5 位	鉄鋼	9.1	鉄鋼	9.5	化学	8.5	化学	8.5	化学	8.5
6 位	化学	8.4	化学	7.7	金属製品	5.5	金属製品	5.5	鉄鋼	7.7
7 位	金属製品	6	金属製品	4.7	鉄鋼	5.1	石油・石炭	5.1	石油・石炭	6.1
8 位	繊維	5.5	印刷・出版	3.9	その他製造業	4.9	その他製造業	4.9	その他製造業	4.9

（単位：%）（資料）表 4.1 に同じ。

　停滞期になると名目 GDP が増加から減少に転じるという他の産業にはみられない現象が発生した。これは，外国からの農産物輸入が激増し，国際競争力のない日本の農産物に大きな打撃を与えたことが背景にある。高度成長期以降，第 1 次産業は衰退の過程にある。

4.2.3　第 2 次産業の動向

　第 2 次産業の名目 GDP は，安定成長期には増加傾向が著しい。しかし，停滞期に入ると名目 GDP が相当の減少傾向を示している。すなわち，停滞期では名目 GDP は増加していないのである。名目 GDP の減少は，雇用者報酬の減少につながり，就業者の減少をもたらしている。停滞期は，名目 GDP と就業者がともに減少するという同じ動きをしているのが特徴である。

　第 2 次産業のうち製造業に分類される産業で，特にその名目 GDP が製造業全体の名目 GDP に占める割合が大きい産業ベスト 8 について，1970 年から 10 年ごとにその構成比の移り変わりを示したものが，表 4.2 である。ベスト 8 は，そのときの日本の製造業を牽引したリーディング産業ということになる。

　この表 4.2 で興味深いのは，ベスト 8 の中での順位に多少動きはあるが，全体でみるとそれほど大きな変化はないということである。1970 年には繊維がベスト 8 に入っていたが，その後，繊維の衰退傾向は顕著である。他方，それ以外の 1970 年の時点における「ベスト 8」産業の多くは，2010 年でも「ベスト 8」に入っている。製造業を産業でみた場合，新しい産業が急成長し，古い産業が衰退するという現象はあまりみられない。1970 年までに確立された製

造業の基幹産業は，その内部で連続的イノベーションによって新製品を開発し，それが市場に受け入れられることによって着実な成果をあげてきたということができる。製造業の基幹産業は，40 年間ゆるぎない地位を確保してきたということが言える。

　しかし，製造業全体での就業者は着実に減少しており，雇用の受け皿にはなっていない。製造業の基幹産業はしっかりした基盤を保つ一方で，製造業がその大半を占める第 2 次産業の名目 GDP は停滞期に入ると減少し，就業者も減少するという事態に直面している。果たしてこれは，第 2 次産業の衰退傾向を示しているのであろうか。この問題に対する回答は後述する。

4.2.4　第 3 次産業の動向

　第 3 次産業の名目 GDP は，1970 年以降急増し，安定成長期および停滞期を通じて大局的にみると増加傾向を維持している。これは，第 2 次産業とは違った動きである。名目 GDP の増加に連動して就業者も増加していることが興味深い。2010 年には名目 GDP が逓減しているが，にもかかわらず就業者は増大している。

　第 2 次産業では，生産段階でどのような財をつくるか，というコンセプトが明確であるがゆえに，生産の過程を分業化し機械化などによって大量生産することが可能になる。さらに第 2 次産業は，機械化が比較的容易であるがゆえに設備投資を拡大し資本ストックを増やす一方，労働力をできるだけ節約することが可能になる。労働力に比して資本ストックを大量に投入して生産を行う産業を資本集約的産業というが，第 2 次産業の多くは資本集約的である。

　第 3 次産業はサービスを生産するという点に大きな特徴がある。サービス内容は顧客によって多様で定型化するのが難しい側面をもち，顧客という人を相手にしたサービスを人によって生産することが重要である。よって，機械化の推進に依存して生産を拡大することには限界がある。あるいは，通信情報化が一層進む中では，比較優位にある情報コンテンツをいかに提供できるかが，企業の命運をにぎることになる。この場合も優秀な労働力を人材としてどれだけ集めることができるかが重要である。

　第 3 次産業には労働力に対する依存度が高い産業が多く，このような産業を

表 4.3　第 3 次産業における産業別名目 GDP の構成比

	1970 年	1980 年	1990 年	2000 年	2010 年
電気・ガス・水道業	4.0	4.5	4.1	3.8	3.1
卸売・小売業	27.3	25.2	21.2	19.4	18.7
金融・保険業	8.1	8.5	9.3	7.1	6.7
不動産業	15.3	15.5	17.0	15.3	16.1
運輸・通信業	13.1	10.1	10.3	13.7	14.0
サービス業	18.3	19.2	23.1	25.2	25.9
政府サービス生産者	12.0	14.0	11.9	13.0	12.5
対家計民間非営利サービス	1.9	2.9	3.1	2.5	2.8

（単位：％）（資料）表 4.1 に同じ。

労働集約的産業という。したがって第 3 次産業は，同産業の成長とともに，労働需要が拡大していくという特性を持ち，主要な雇用の受け皿となる。実際，第 3 次産業では一貫して就業者が増加しており，雇用の受け皿としては貢献度が極めて高い。ただし，第 3 次産業にはサービスに関する多種多様な産業が存在し，産業内における賃金格差が非常に大きいという問題がある。第 3 次産業に雇用機会が増えても，低賃金の産業にしか雇用が生まれないという可能性がある。

　第 3 次産業内の産業別名目 GDP 構成比をみると一定の変化がみられ，卸売・小売が 27.3％（1970 年）から 18.7％（2010 年）へと減少傾向を示している。それに対して，サービス業は，18.3％（1970 年）から 25.9％（2010 年）へと増加傾向を示している。

　2000 年以降はサービス業の構成比の高さが顕著である。サービス業は，対事業所サービスと対個人サービスに区分されるが，両方とも成長が著しい。製造業においては事務業務など，これまで内部で行われていた事業をコスト削減するために合理化して外部委託するようになり，これが対事業所のサービスを急速に増やした。また，同じく急速に増えたビル等の管理メンテナンスなどのサービスも見逃すことができない。対個人サービス事業では，家計の多様なニーズが顕在化する中で，娯楽サービスなどが急速に増えている。

　また，2000 年以降，運輸通信の構成比が増加傾向を示している。これは情報通信業の急速な発展を物語っている。その他では構成比の変動はあるものの，

比較的安定している。

4.2.5　産業構造の変化の特徴

　第1次産業は，安定成長期までは緩やかに名目GDPが増加しており，国民経済における経済成長の引き上げ効果はあったと思われる。しかし，停滞期は名目GDPが減少傾向に転じたため，国民経済における経済成長の引き上げ効果はなくなってしまった。就業者については一貫して減少しているので，雇用の受け皿にはなっていない。それどころが，第1次産業で仕事をもつことが困難な人が他産業に移るという事態が生まれた。

　第2次産業では，安定成長期の名目GDPは増大しているので，国民経済における一定の経済成長引き上げ効果はあったといえる。しかし，停滞期になると名目GDPが減少に転じており，第2次産業の名目GDP減少が国民経済にマイナスの影響をもたらしたことになる。就業者は安定成長期は増加傾向を示し，雇用の受け皿になっていたが，停滞期は就業者が大幅に減少し，雇用の受け皿にはなっていない。

　第2次産業は，安定成長期には，経済成長と雇用機会の確保に対して一定の役割を果たしてきたことは明らかである。しかし，停滞期に入って名目GDPが減少し，国民経済への貢献の度合いは大きく低下した。

　第3次産業は，安定成長期も停滞期も一貫して名目GDPも就業者も増加傾向を示しており，第2次産業に比しても急増している。国民経済における経済成長と雇用機会の確保という視点からの各産業の役割をみると，第3次産業の役割が非常に大きいことがわかる。

　停滞期に入って第2次産業の名目GDPが減少に転じたのはなぜか。第2次産業に比して第3次産業の名目GDPが急増したのはなぜか。これらの問題を考える場合，そもそも産業ごとの名目GDPはなぜ変化するのかという疑問にぶつかる。これは，産業構造がなぜ変化するのかと問うことに等しい。以下では，高度成長期以降の産業構造の変化要因について検討する。

4.3 産業が生産供給に果たしてきた役割

4.3.1 国民経済レベルにおける総需要構造の変化

　企業は，自らの付加価値創出をもって国民経済に大きな役割を果たす。ここ
で重要なことは，企業の付加価値は総需要動向に大きく影響を受けるというこ
とである。総需要の存在は，多数の財・サービスの買いを意味する。それに対
して企業は自身が参入している分野の財・サービスの生産を行い，それらを売
ることによって新たな付加価値を生み出すことになる。すなわち企業は，国民
経済レベルに集計された総需要を構成する多数の財・サービスを生産するとい
う役割を果たすこととなる。総需要は，投資（民間企業設備投資，民間住宅投資，
公的固定資本形成）と消費（政府最終消費支出および民間最終消費支出）によ
ってその大半が構成されている。以下では，1970 年，1985 年，2011 年の 3 つ
の時点において，投資と消費の需要構造にどのような変化があったかをみてみ
る（表 4.4）。

　投資（総固定資本形成）のうち，民間企業設備投資は，15 兆円（1970 年），
54 兆円（1985 年），63 兆円（2011 年）と増加傾向を示している。しかし，
1985 年は 1970 年と比較して，39 兆円も増加しているのに対して，2011 年は
1985 年と比較するとわずか 9 兆円しか増加していない。民間企業設備投資は
増加傾向を維持しているが，増加の程度が小さくなっていることがわかる。

　民間住宅投資と公的固定資本形成も，1985 年は 1970 年と比較して大幅な増
加がみられるが，2011 年は 1985 年よりいずれも減少していることがわかる。
結局全体の投資は，26 兆円（1970 年），90 兆（1985 年）へと大幅に増加して
いるが，2011 年では 97 兆円で，7 兆円の増加にとどまっている。

　これに対して消費のうち，政府最終消費支出をみると，5 兆円（1970 年）か
ら 45 兆円（1985 年），96 兆円（2011 年）と著しい増加傾向を示している。ま
た，民間最終消費支出も増加し，38 兆円（1970 年），177 兆円（1985 年），285
兆円（2011 年）となっている。二つの消費支出の合計は，44 兆円（1970 年），
222 兆円（1985 年），381 兆円（2011 年）と増加傾向が顕著である。特に，
1985 年から 2011 年にかけても 159 兆円の増加がみられ，投資と比較して対照

表4.4　需要項目別支出の変容

	1970年	1985年	2011年
投資（＝総固定資本形成）	26	90	97
民間住宅投資	5	15	13
民間企業設備投資	15	54	63
公的固定資本形成	6	22	21
消費	44	222	381
政府最終消費支出	5	45	96
民間最終消費支出	38	177	285
国内総支出	73	325	471

（単位：兆円）

国内総支出に占める投資および消費の構成比

	1970年	1985年	2011年
投資	36	28	21
消費	60	68	81

（単位：％）　（資料）表4.1に同じ。

的である。

　投資と消費の国内総支出に占める構成比の推移をみると，1970年では，投資36％，消費60％であったが，1985年には投資28％，消費68％になり，2011年には投資が21％，消費が81％と消費の構成比が8割を超える状況になっている。このように，需要構造は，投資から消費中心に大きく変わったことがわかる。

4.3.2　産業が生産・供給に果たしてきた役割

　ここでは，国民経済における需要構造の変化が産業の生産供給構造をどのように変化させてきたのかについて考察する。

　表4.5は，1970年，1985年，2011年の3つの時期を取り出し，総需要の各項目のお金が，第2次産業と第3次産業にどのように流れて生産供給が行われ，付加価値（＝名目GDP）が創出されたかを示している。

　3つの時期について共通することは，総固定資本形成に必要な投資財の調達

表 4.5 需要項目別にみた産業別名目 GDP の創出効果

1970 年	民間消費支出	一般政府消費支出	総固定資本形成	輸出	(控除) 輸入	名目 GDP
第 2 次産業	3,962	116	4,595	1,277	− 1,185	6,694
第 3 次産業	3,939	1,532	172	381	0	7,613

1985 年	民間消費支出	一般政府消費支出	総固定資本形成	輸出	(控除) 輸入	名目 GDP
第 2 次産業	49,152	557	79,991	38,387	− 28,582	111,013
第 3 次産業	118,515	45,207	8,339	8,440	− 4,848	210,775

2011 年	民間消費支出	一般政府消費支出	総固定資本形成	輸出	(控除) 輸入	名目 GDP
第 2 次産業	55,110	243	73,761	54,473	− 71,674	106,213
第 3 次産業	224,323	98,494	17,455	16,423	− 8,922	364,853

(単位：10 億円) （資料）「1970 年産業連関表」,「1985 年産業連関表」,「2011 年産業連関表」

は圧倒的に第 2 次産業から行われているという点である。1970 年の総固定資本形成では，4 兆 5950 億円の投資財の購入が第 2 次産業から，第 3 次産業からは，わずか 1720 億円の投資財の購入に留まっている。1985 年では，第 2 次産業から 79 兆 9910 億円の投資財の購入が行われ，第 3 次産業からは 8 兆3390 億円の投資財購入に留まっている。2011 年では，第 2 次産業から 73 兆7610 億円の投資財の購入が行われているのに対して，第 3 次産業からは 17 兆4550 億円の投資財購入である。時間の経過とともに，第 3 次産業からの投資財購入は増えているが，やはり圧倒的には第 2 次産業からの調達である。

他方，一般政府消費支出は，1970 年では 1 兆 5320 億円のお金が第 3 次産業の財・サービスの購入に向けられ，第 3 次産業で同額の生産供給が行われたことになる。同年の第 2 次産業からの購入額は 1160 億円である。1985 年および2011 年では，第 3 次産業からそれぞれ 45 兆 2070 億円分，98 兆 4940 億円分の購入が行われている。第 2 次産業からの購入額は，5570 億円（1985 年），2430億円（2011 年）と極めて小さい金額である。

民間消費支出のお金のうち，第 2 次産業が生産する消費財の購入に 3 兆9620 億円（1970 年），49 兆 1520 億円（1985 年），55 兆 1100 億円（2011 年）があてられている。第 3 次産業が生産する消費財の購入には 3 兆 9390 億円

（1970 年），118 兆 5150 億円（1985 年），224 兆 3230 億円（2011 年）が使われたことを示している。

　1970 年の段階では，第 2 次産業と第 3 次産業からの消費財の購入額に大きな差はみられない。これは，電気製品や自動車など耐久消費財への需要がまだ旺盛であったため，家計消費支出に占める第 2 次産業が生産する消費財購入のウエイトが大きかったことを示している。しかし，1985 年では，民間消費支出における第 3 次産業消費財購入額と第 2 次産業消費財購入額の比率[2]は，2.4，2011 年には 4.0 まで広がっている。1985 年以降は，第 3 次産業からの消費財購入額の伸びが第 2 次産業からの消費財購入額の伸びより相当に高くなっていることがわかる。

　結局，産業別の名目 GDP をみると，第 2 次産業では，111 兆 130 億円（1985 年）から 106 兆 2130 億円（2011 年）へとやや減少したのに対して，第 3 次産業は，210 兆 7750 億円（1985 年）から 364 兆 8530 億円（2011 年）へと大幅に増加するという対照的な結果になっている。

　このような現象が起こるのは，要するに，第 2 次産業の名目 GDP は特に投資に回るお金の額に，第 3 次産業のそれは消費に回るお金の額にそれぞれ強く依存しており，歴史的にみると消費に回るお金の額が投資に回るお金の額をだんだん上回ってきたという需要構造の変化がある。これにより第 3 次産業の名目 GDP の構成比が高まり，産業構造を変化させてきたということができる。

　ところがここで，投資に回るお金とは，実際に企業が購入する投資財の量とその価格の積を合計したものである。また，消費に回るお金とは，家計や政府が購入する消費財の量にその価格をかけたものである。すなわち，名目需要は，価格と数量（需要量）の積であることに留意する必要がある。

　第 2 次産業の名目 GDP は 1985 年と比較して 2011 年では減少しているが，これは第 2 次産業の生産物に対する名目需要が減少していることを意味する。この原因が第 2 次産業の実質 GDP の低下にあるとすれば，それは第 2 次産業が直面する需要量が縮小しているということであり，必然的に生産量の減小をもたらすことになる。生産量の減小は第 2 次産業の衰退を意味する。しかし需要量の縮少ではなく，GDP デフレーターの下落によるものであれば，第 2 次産業は価格競争の激化にもかかわらず現状を維持しているということであり，

価格競争力を強めていることになる。この場合，第2次産業は衰退していると
は言い難い。このように，第2次産業の現状を正確に評価しようとすれば，名
目 GDP の変化要因について，GDP デフレーターと実質 GDP に区分して把握
する必要がある。

4.4 産業構造の変化と産業の衰退

4.4.1 名目 GDP 構成比の動向とその特徴

　表 4.6 は，1970 年以降の第2次産業と第3次産業の名目 GDP が全産業名目
GDP に占める割合（＝産業別名目 GDP 構成比）を示している。なお，第2次
産業については，製造業と建設業についてもその内訳を算出している。

　表 4.6 で特徴的なことは，第2次産業の構成比が急速に低下し，逆に第3次
産業のそれが急増しているという点である。特に製造業の低下が顕著であり，
建設業はむしろ上昇している時もある。製造業の構成比の低下の分だけ，第3
次産業の構成比は上昇している。

　1970 年から 1990 年の構成比の変化をみると，第2次産業の構成比は，43％
（1970 年）から 37％（1990 年）へと低下している。そのうち，製造業が，35
％（1970 年）から 27％（1990 年）へと低下している。ただし，建設業は，7
％（1970 年）から 10％（1990 年）へとやや上昇している。第3次産業は，51
％（1970 年）から 61％（1990 年）へと上昇している。

　1995 年から 2010 年をみると，第2次産業が 30％（1995 年）から 25％
（2010 年）へとさらに下落，製造業と建設業のいずれも下落である。第3次産
業は，68％（1995 年）から 74％（2010 年）と上昇傾向は変わらない。

4.4.2 ペティ・クラークの法則

　産業構造の変化については，有名なペティ・クラークの法則というものがあ
る。これは，経済の発展とともに，国民経済に占める第1次産業の比重が下が
り，その代り第2次産業の比重が上がり，さらに経済が発展すると，やがて第
2次産業の比重も下がりはじめ，第3次の比重が高まっていくという法則であ

表 4.6　1970 年以降の産業別名目 GDP 構成比の動向

	1970 年	1975 年	1980 年	1985 年	1990 年	1995 年	2000 年	2005 年	2010 年
第 2 次産業	43	39	38	36	37	30	28	26	25
製造業	35	29	28	28	27	22	21	20	20
建設業	7	9	9	8	10	8	7	6	5
第 3 次産業	51	56	59	61	61	68	70	73	74

（単位：％）（資料）表 4.1 に同じ。

る。国民経済に占める各産業の比重とは，所得（名目 GDP）や就業人口の構成比などで示される。ここでは，名目 GDP の構成比でみると，高度成長以降，第 2 次産業の構成比が急速に低下し，逆に第 3 次産業のそれが急増している。したがって，ペティ・クラークの法則が日本においても成立すると考えることができる。この法則の成立根拠については，数量的要因と価格要因にわけて分析するのが一般的である[3]。

　名目 GDP は実質 GDP と GDP デフレーターの積であるので，ペティ・クラークの法則にもとづくと，前者を数量的要因，後者を価格要因と見なすことができる。以下では，1995 年以降に焦点をあてながら，第 2 次産業の名目 GDP 構成比の下落が，数量的要因によるか，あるいは価格要因によるかについて考察する。

4.4.3　数量的要因と価格要因に関する考察

　表 4.7 は，産業別に名目 GDP，実質 GDP，GDP デフレーターの動向をそれぞれ示している。1995 年から 2010 年の変化をみると，第 2 次産業の名目 GDP は，150 兆円（1995 年）から 120 兆円（2010 年）へと減少している。そのうち，製造業は，109 兆円（1995 年）から 94 兆円（2010 年）の減少である。その要因を GDP デフレーターと実質 GDP に分けてみると，まず第 2 次産業では，GDP デフレーターが 115（1995 年）から 89（2010 年）へと下落している。製造業についてみると，GDP デフレーターが 119（1995 年）から 85（2010 年）へと下落している。

　他方，実質 GDP をみると，第 2 次産業は 131 兆円（1995 年）から 136 兆円（2010 年）へとわずかに増加している。そのうち，製造業は 92 兆円（1995 年）

表 4.7　産業別名目 GDP・実質 GDP・GDP デフレーターの動向

名目 GDP

	1995 年	2000 年	2005 年	2010 年
第 1 次産業	8,670	8,076	6,108	5,656
第 2 次産業	150,718	144,457	129,116	120,832
製造業	109,986	107,536	99,699	94,333
建設業	39,915	36,332	29,018	26,198
第 3 次産業	335,954	355,446	365,384	352,287
国内総生産	494,525	507,390	500,208	478,474

（単位：10 億円）

実質 GDP

	1995 年	2000 年	2005 年	2010 年
第 1 次産業	6,511	7,520	6,108	6,228
第 2 次産業	131,347	131,219	129,116	136,081
製造業	92,548	95,901	99,699	110,432
建設業	38,381	34,858	29,018	25,437
第 3 次産業	319,031	340,508	365,384	364,095
国内総生産	456,888	479,246	500,608	506,404

（単位：10 億円，平成 17 暦年基準）

GDP デフレーター

	1995 年	2000 年	2005 年	2010 年
第 1 次産業	133	107	100	91
第 2 次産業	115	110	100	89
製造業	119	112	100	85
建設業	104	104	100	103
第 3 次産業	105	104	100	97
国内総生産	108	106	100	94

（平成 17 暦年＝100）
（資料）表 4.1 に同じ。

から 110 兆円（2010 年）へと増加しており，建設業が 38 兆円（1995 年）から 25 兆円（2010 年）と相当に減少した。このことが第 2 次産業の実質 GDP の微増という結果をもたらしている。製造業の実質 GDP は減少していないので

ある。

すなわち第 2 次産業の名目 GDP の減少は，GDP デフレーターの下落による。特に，製造業の場合，実質 GDP は増加しているので，GDP デフレーターの下落が大きかったことになる。

第 3 次産業の名目 GDP は，335 兆円（1995 年）から 352 兆円（2010 年）へと増加している。GDP デフレーターは 105（1995 年）から 97（2010 年）へと下落しているが，第 2 次産業に比べるとその下落幅は小さい。実質 GDP は，319 兆円（1995 年）から 364 兆円（2010 年）へと増加している。結果として第 3 次産業は名目 GDP が増加しているが，これは GDP デフレーターがやや下落した一方で実質 GDP の増加がそれをカバーしたためである。

結局，第 2 次産業の名目 GDP 構成比が減少し，逆に第 3 次産業のそれが増加した要因は，第 2 次産業の GDP デフレーターの下落が第 3 次産業よりはるかに大きかったことが主な要因ということになる。

特に製造業の場合は，実質 GDP は減少しておらず，GDP デフレーターつまり製品価格の下落が名目 GDP の減少要因になっている。製造業は厳しい国際競争に直面し，国際的な低価格競争に巻き込まれ，GDP デフレーターの下落を余儀なくされたと考えられる。しかし，実質 GDP が増加しているということは製造業が価格競争力を依然として維持していることを示し，製造業が衰退した結果，第 2 次産業の名目 GDP 構成比が下落したのではないことがわかる。

第 3 次産業の実質 GDP 増が第 2 次産業に比して大きいのは，国民経済における需要構造の変化を反映していると考えることができる。

4.5　産業構造の変化と国民経済への影響

①　国民経済における経済成長と雇用機会の確保という視点から 1970 年以降の各産業の役割をみると，第 3 次産業の役割が非常に大きいことがわかる。第 1 次産業は，1995 年以降は名目 GDP が減少傾向に転じ，就業者については一貫して減少しているので，雇用の受け皿にはなっていない。第 2 次産業は，安定成長期（1975〜90 年）を通じて，経済成長と雇用機会の確保に対して一定の役割を果たしてきたことは明らかである。しかし，停滞期（1995〜2010

年）では，名目 GDP も就業者数とともに減少に転じ，国民経済への貢献の度
合いは大きく低下したことがわかる。

　②　第 2 次産業の名目 GDP は特に投資に回るお金の額に，第 3 次産業のそ
れは消費に回るお金の額に強く依存している。時系列的にみると，消費に回る
お金の額が投資に回るお金の額をだんだん上回るようになり，特に停滞期にそ
の開きが顕著に表れた。投資から消費へという需要構造の変化が第 3 次産業の
名目 GDP 構成比を高め，産業構造を変化させてきたということができる。

　③　第 2 次産業の名目 GDP 構成比は下落傾向を示しているが，そのことは
第 2 次産業の大半を示す製造業の衰退を意味するわけではない。第 2 次産業の
うち製造業の実質 GDP は減少しておらず，GDP デフレーターが大幅に下落し
ていることが製造業の名目 GDP 構成比の低下をもたらしている。GDP デフ
レーターの低下は，価格競争力の強さを示しており，製造業が衰退過程にあると
いうことはできない。名目 GDP 構成比の低下は産業の衰退を必ずしも意味し
ないのである。

推薦図書

• 三菱総合研究所編『日本産業読本　第 8 版』東洋経済新報社，2006 年
　本書は戦後から現在までの日本産業の発展構造を明らかにしこれからの戦略
課題を整理している。さらに，日本産業の分野別解説が具体的でわかりやすい。
戦後 70 年間の日本産業の全容を理解するうえで必携の著書である。

• 宮沢健一『産業連関分析入門（日経文庫）』日本経済新聞出版社，1995 年
　産業構造の変化を分析する際，産業連関分析の考え方や産業連関表の見方に
ついて基礎的知識をもつことが不可欠である。本書は，産業連関分析について
簡便に解説したロングセラーの手引書である。

注

1)　ここでの産業別名目 GDP および就業者のデータは，1970 年から 1990 年については，68SNA に
　もとづく「1998 年度国民経済計算年報」，1995 年から 2010 年については，93SNA にもとづく

「2014 年度国民経済計算年報」を利用している。したがって，両期間のデータは断続していることに留意する必要がある。なお，国民経済計算勘定（SNA）は，国際連合によるガイドラインに基づき，各国が作成を行っており，SNA の前の数字はガイドラインが行われた時期を表す。すなわち，68SNA，93SNA はそれぞれ 1968 年，1993 年に行われたガイドラインである。もっとも新しいのは，2008 に行われた 08SNA で多くの国々は，このガイドラインに沿って GDP を作成している。

2) 　数値計算は以下の通りである。1985 年は，118 兆 5150 億円（第 3 次産業）÷49 兆 1520 億円（第 2 次産業）＝2.4，2011 年は，224 兆 3230 億円÷55 兆 1100 億円＝4。

3) 　ペティ・クラークの法則が成立する根拠についての詳細な分析では，数量的要因として需要の所得弾力性の違い，価格要因については生産性上昇率の相違による相対価格の変化に注目する場合が多い。

第5章

戦後日本の経済成長の到達点と課題

5.1 戦後日本経済の到達をどうみるか

　戦後日本の経済成長率は，図1.1で示されているが，その動きをみると，急速な経済発展を遂げた「高度成長期」，穏やかな経済成長に転じた「安定成長期」，経済成長がほとんどみられなかった「停滞期」の3つの時期に区分[1]できることがわかる。それぞれの時期区分ごとに，平均経済成長率[2]をもとめると，9.8％（高度成長期），4.3％（安定成長期），0.8％（停滞期）であった。戦後70年間の日本経済は，高度成長から安定成長そして低成長へと劇的な変貌を遂げてきたのである。本章では，3つの時期区分に則して，日本経済の特徴を鳥瞰し，戦後70年間の日本経済の到達と課題を整理する。

5.2 高度成長期

5.2.1 高度成長期の日本経済の特徴

（1）　技術革新をベースとした旺盛な新製品開発と耐久消費財の急速な普及

　高度成長期の日本では，第2次産業革命（エレクトロニクス革命）が本格的に花開くことになった。大企業を中心に，欧米から積極的に技術導入が行われ，それをもとに電気製品などの新製品開発が強力に推進された。多種多様な新製

表5.1　主要耐久消費財の普及率（一般世帯）（%）

	カラーテレビ	白黒テレビ	電気洗濯機	電気冷蔵庫	乗用車
1960 年		44.7	40.6	10.1	
1965 年	0.3	90.0	68.5	51.4	9.2
1970 年	26.3	90.2	91.4	89.1	22.1
1975 年	90.3	48.7	97.8	98.7	41.2

（資料）「消費動向調査」内閣府

表5.2　主要耐久財の販売台数（万台）

	カラーテレビ	電気洗濯機	電気冷蔵庫	乗用車
1960 年	358	153	90	17
1965 年	419	229	231	70
1970 年	1378	434	265	318
1975 年	1245	317	347	457

（資料）各年の『日本統計年鑑』

　品開発の中でも特筆すべきは電気製品（テレビ，電気洗濯機，電気冷蔵庫）や乗用車など耐久消費財の普及が急速に進んだことで，需要が一気に増加した。旺盛な需要を背景に民間設備投資が急拡大し，高度成長を牽引した。

　表5.1および表5.2は，主な電気製品や乗用車など耐久消費財の普及率と販売台数の推移をそれぞれ5年ごとに示している。白黒テレビは，1960年にすでに44.7%に達し，1968年には96.4%とほとんどの一般世帯に普及した。その後白黒テレビにかわってカラーテレビが東京オリンピック開催時の1964年に登場して急速な普及をみせ，1975年には，普及率が90%を超えた。白黒テレビからカラーテレビへの買い替え需要も旺盛で，カラーテレビの販売台数は，358万台（1960年）から1441万台（1972年）に約4倍も増加し，短期間でテレビ市場が成熟した。また，電気洗濯機は，1960年にすでに40.6%の普及率を示し，1973年には97.5%とほぼ全世帯に普及している。販売台数でみると，1960年には153万台の販売数であったのが，1973年には430万台と約2.8倍まで増加した。

　電気冷蔵庫は，1960年には10%の普及率で白黒テレビや電気洗濯機に比してやや低かったが，1973年には94.7%と急速な普及を示している。販売台数

をみると，1960 年に 90 万台の販売数であったのが，1973 年には 393 万台と約 4.4 倍まで増加し，普及率が 100% に近づいた。電気洗濯機も電気冷蔵庫もテレビと同様に短期間で普及し，国民生活に大きな変化をもたらした。

　乗用車の普及率は，1961 年の時点では 2.8% とまだ低かったが，1975 年には 41.2% まで伸びている。販売台数でみると，1961 年に 25 万台の販売数であったが，1973 年には 447 万台となり約 27 倍に増加している。乗用車の普及率は電気製品と違って，1970 年代後半になっても本格的な増加傾向がみられ，その後も高度成長期以降の日本の経済成長をリードする主役産業になる。

　以上のように，家計の生活必需品となる電気製品や乗用車など主要な耐久消費財が，この時期に同時集中的に普及し，物質的豊かさの礎となった。特に安価な洗濯機が購入できるようになったことは，家庭の重労働から女性を解放する大きな役割を果たした。また，現在ではスマートフォンの普及などで社会の出来事を瞬時に知ることが可能となっているが，テレビの普及はそれまで新聞・雑誌に頼っていた情報入手速度を飛躍的に加速させた。多くの世帯で主要耐久消費財を購入可能にしたのは，次に述べる所得水準の上昇が背景にある。

(2)　労働組合の組織力強化による賃金の大幅上昇

　戦前における労働運動の大半は非合法であったが，戦後全面的に合法化された。労働者の生活と権利を守るために，団結権・団体交渉権・団体行動権という労働三権が確立し，労働運動を通じて，労働者と経営者が対等の立場で賃金などの労働条件の改善をめざすことが保障された。

　終戦直後の日本社会は，人的・物的な大きな損失を受け，「お国のために命を捧げる」という軍国主義的価値観からの転換を強いられ，多くの国民が先行きどうしたらいいか見当がつかないという茫然自失の状態にあった。しかし，軍国主義による息苦しさから解放され，自由と民主主義の到来という新しい息吹が渦巻き，それを背景に労働運動も活発化した。

　労働条件の改善をめざす労働運動で特筆すべきは，1955 年以降，個別企業と労働組合が賃金をめぐって一斉に交渉するという「春闘方式」が導入されたことである。戦後の労働運動は様々の紆余曲折があったが，春闘によって労働者の地位が大きく向上し，労働者 1 人当たり賃金水準が大幅に上昇した。

　ところで，賃金水準は名目賃金と実質賃金に分けて考える必要がある。名目

表5.3　全産業平均賃金指数（1950年＝100）

	名目	実質
1950年	100	100
1955年	180	136
1960年	243	169
1965年	393	204
1970年	780	311
1975年	1788	413

（資料）中村隆英（1993）『日本経済 ── その成長と構造』
東京大学出版会，p.297を一部加工修正。

賃金は実際に貨幣で受け取る金額である。ところが，もし物価が上昇すると，受け取った名目賃金の実際の購買力は低下することになる。名目賃金が実際にどの程度の購買力があるかをみるためには，名目賃金から物価の影響を取り除いた実質賃金が重要になる。

　表5.3は，農業を除く全産業の賃金水準の推移をみるために，1950年を100として賃金水準を指数化したものである。実質賃金指数で見ると，1950年を100とした場合，1955年は136，1960年169，1970年311，1975年が413となっている。高度成長過程を通じて，1950年から1975年の間に，労働者の実質賃金は4倍強に増加している。名目賃金は1950年を100とすると，1975年は1788で実に18倍弱の増加であった。

（3）　地方から都市への人口移動と世帯数の大幅増加

　この時期に人口移動が発生し，世帯数が大幅に増大した。高度経済成長に伴い，都市では生産活動が急拡大し，労働力不足が明らかになった。主に都市に集中した企業は地方から労働力とりわけ若手労働者の確保をめざした。このため，都会では人口集中，地方は過疎化が進むという状況を生み出した。

　表5.4は，1955年から1970年にかけての，産業別の就業者数の推移を示したものである。1955年に第1次産業の就業者数は1536万人であったのが，1970年は886万人で，この間に650万も激減している。他方，第2次産業は997万人（1955年）から，1791万人（1970年）と，794万人も急増，第3次産業も1557万人（1955年）から，2409万人（1970年）と，852万も急激に増加している。第1次産業就業者数の急減と第2次および第3次就業者数の急増

表 5.4 就業者数の推移

	第 1 次産業	第 2 次産業	第 3 次産業
1955 年	1536	997	1557
1960 年	1340	1242	1854
1965 年	1113	1507	2109
1970 年	886	1791	2409

（単位：万人）（資料）各年の『日本統計年鑑』

表 5.5 世帯数の推移

1920 年	1930 年	1940 年	1950 年	1960 年	1970 年
1112	1280	1643	1968	2304	2636

（単位：万世帯）（資料）各年の『日本統計年鑑』

は，地方から都市への大規模な人口移動を反映している。このような国内の人口移動は，これまでの地方を基盤とした大家族の集合体である社会共同体の解体を推進し，都市における小家族の世帯数の大幅な増加をもたらした。

表 5.5 は，1920 年から 1970 年までの世帯数の推移を示している。世帯数は，1112 万（1920 年），1643 万（1950 年）であり，1920 年から 1950 年の 30 年間に増加した世帯数は約 530 万であった。ところが，1950 年から 1970 年の変化を見てみると，1643 万（1950 年）が 2686 万（1970 年）へと，わずか 20 年間に 1043 万も世帯数が増加していることが確認できる。都市における世帯数の増大は，耐久消費財や民間住宅投資などの需要を大幅に増やし高度経済成長に大きな影響を与えた。

(4) 加速化した社会資本整備やマイホーム取得

政府は，重化学工業を基幹産業として位置づけ，基幹産業育成のための基盤整備のために多額の資金を公共投資として投入した。たとえば，太平洋ベルト地帯の京浜，中京，阪神，北九州の 4 大工業地域に重点的にコンビナートをつくるために積極的な社会資本整備計画を実施した。また，1964 年の東京オリンピック開催を契機に，東海道新幹線の開通，名神高速道路などの高速道路網整備など交通インフラ整備のための公共投資を大幅に増やした。

公共投資のための資金調達は，郵便局を通じて集められた預金や公的年金等の保険料を原資とした「第 2 の予算」と呼ばれる財政投融資によって賄われた。

財政投融資は住宅金融公庫を通じて国民に相対的に低金利の住宅ローンを提供し，国民の住宅取得促進を支援した。住宅金融公庫の住宅ローンの金利は，市中銀行のそれと比較して数パーセント低く抑えられており，住宅取得の際は，住宅金融公庫の住宅ローンを優先的に組むことが一般的であった。

　このように，財政投融資は社会資本整備や家計の住宅取得のために円滑に資金を回すという機能を果たし，投資拡大に必要な「資金制約問題」の解消に大きな役割を果たした。

5.2.2　高度成長の矛盾の現れ

　高度経済成長の過程において，日本経済への大企業の影響力は強まり，大企業と政府の癒着構造を強めた。その結果，残業労働の蔓延化，インフレなど労働条件の悪化，公害問題の深刻化にみられるような国民生活を脅かす事態がしばしば発生した。

(1)　インフレ問題

　春闘の定着によって毎年の賃上げが行われるようになったため労働生産性（労働者一人当たりの生産量）の高い大企業は自社製品に対して生産コストに対する利益率（マークアップ率）を高めて強気の価格設定をとった。また一方で労働生産性が低い産業や中小零細企業では賃上げ分を価格に転化せざる得なかった。そのため諸商品価格の変化を全体的にみた物価は上昇傾向で推移した。賃上げがあったにもかかわらず物価が上昇すれば，労働者の生活水準を切り下げることになるので，労働組合活動は活発化した。労働者は物価上昇に対して実質生活の維持改善をするために賃上げを強く要求し，企業側もこれを飲まざるをえなくなった。企業側は賃上げ分のコストを価格に上乗せし，その結果賃金と物価がスパイラル的に上昇するインフレーションをもたらす結果になった。インフレによって労働者は常に生活水準の維持が脅かされ，企業は財務の不確実性のため経営方針が不安定になるなど，インフレ問題は労使双方の不安材料となった。

(2)　公害問題

　人口が密集する地域に続々建設された重化学工場からは，大量の有害な排ガスや廃液が川や海に垂れ流され，「水俣病」や「四日市喘息」「イタイイタイ

病」など公害問題は深刻化した。住民の健康や生命を軽視した利潤優先の企業態度は国民の強い怒りを買うことになり，政府も公害問題解決にむけて取り組まざるを得ない状況になった。

（3）　都市問題と過疎化問題

　農山村から都市への人口の大移動により，都市では土地と住宅の高騰，自動車公害，交通問題，騒音問題や日照権の侵害など過密化に伴う「都市問題」が深刻化した。他方，農山村では，人口減少による「過疎化問題」が深刻化し，鉄道等の公共交通システムの衰退，廃屋の増加，地域経済の停滞など様々な問題が発生した。

（4）　戦後の国際通貨体制の崩壊と石油危機

　戦後の国際通貨基金（International Monetary Fund：IMF）体制の下で，1949 年に設定された為替レート（1 ドル 360 円）が長期間固定されたことによって，日本経済は国際的にも有利な条件で輸出競争力を拡大することができた。しかし，1971 年にはこの「IMF 体制」は当時のアメリカ大統領ニクソンによって崩壊を余儀なくされ（いわゆるニクソンショック），日本の為替レート制度も固定為替レート制から変動為替レート制に移行し，1973 年には 1 ドル 308 円と急速な円高状況となった。対外向け日本製品の価格競争力が弱くなった。1960 年代後半にしばしばみられた輸出拡大で需要を下支えするということが困難になり，日本企業は国際競争力の回復のため経営の合理化などを優先せざるをえなくなり，設備投資意欲に翳りが見え始めた。

　さらに，1973 年 10 月には中近東諸国から構成される石油輸出国機構（Organization of Petroleum Exporting Countries：OPEC）が原油公示価格を 1 バレル 3 ドルから 11 ドル 65 セントへと 3 倍強に引き上げるという決定的とも言える「第 1 次石油危機」が発生した。1970 年時点での日本のエネルギー源はその 70％ が原油で，そのうちの 99％ は輸入に依存していたこともあり，主要な日本企業への大幅な費用負担増となった。企業は，この負担増を大幅な価格上昇に転嫁することになり，インフレが加速した。不確実性の増大が企業の長期的経営戦略の構築を難しくし，設備投資意欲も急速に萎縮し，需要の減少をもたらした。

5.2.3　高度経済成長終焉の原因

（1）　不確実性の増大

　1960年代の終わり頃には，全国で発生した悲惨な公害問題，都市の過密化と地方の過疎化問題の深刻化，インフレーションの慢性化，IMF体制の崩壊と石油危機など，高度経済成長の矛盾が一挙に顕在化し，日本経済の先行きは極めて不確実なものとなった。その結果，経済成長の源泉である企業の設備投資意欲も消極的なものとなった。高度経済成長の過程で生まれた多くの矛盾をきっかけに，企業の設備投資が減少し，高度経済成長が困難になったことは事実である。

　しかし，その後高度経済成長の過程で発生した矛盾に対して，日本経済は柔軟に対応しながら，矛盾の拡大に一定の歯止めをかけることができ，企業の設備投資環境は改善した。にもかかわらず，二度と高度成長は実現しなかった。このことは，「高度成長の矛盾」以外に高度経済成長が終焉したおもな理由があることを示唆している。

（2）　欧米へのキャッチアップ

　日本は欧米からの積極的技術導入によって第2次産業革命が開花し，1950年代後半から機械産業において，テレビ，電気洗濯機，電気冷蔵庫に代表される家電製品や自動車などの新製品が次々に開発されていった。これらの新製品は，雇用者所得の大幅増を背景として，急速に家庭に普及し，1960年代の終わりには，それまでに開発された多くの新製品の国内市場はほぼ飽和状態になった。さらに，欧米，特にアメリカの技術進歩が1960年代半ばから停滞し，技術進歩を体現した新製品の開発も停滞し始めた。

　これらの要因によって，企業は国内における将来の売上げについてそれまでの「強気感」を修正せざるを得なくなり成長の見通し，すなわち期待成長率が低くなった。そのうえ「高度成長の矛盾」が顕在化したことによって，期待成長率が一層低くなった。その結果，企業による民間設備投資意欲が低下し，民間設備投資額が大幅に増加するという現象は消滅した。

　すなわち，戦争によって破壊された日本経済を再建する際に目標とした「欧米なみの国民経済水準へのキャッチアップ」を短期間で実現できたことが，皮

肉にも高度経済成長の終焉をもたらした主要な要因であったといえる。

5.2.4 スタグフレーション[3]

1960年代後半から1970年代前半にかけて日本の国内外で生じた高度成長を困難にする諸要因に対して，以下のような高度成長政策実施が行われたが，それがかえって問題を深刻にした。

1972年6月，当時の通産大臣（現在の経済産業省大臣にあたる）であった田中角栄氏が発表した「日本列島改造論」が大きな話題となり，その勢いで同年7月には総理大臣に就任して田中内閣が発足した。「日本列島改造論」とは，日本列島を高速道路・新幹線・本州四国連絡橋などの高速交通ネットワークで結び，1日で日本のどこにでも移動できるインフラ整備を行い，地方に工場を誘致して工業化を推進し，都市問題と過疎化問題を同時に解決することをめざしたものであった。これらは長期5か年計画である「新全国総合開発計画」（1969年策定）を改訂する形で具体化がはかられ，公共投資を大幅に拡大するための超大型予算が組まれた。さらに，日本銀行が民間の銀行に貸し出す利率（公定歩合）を引き下げるという金融緩和政策などがとられた。

しかしながら，これら強力な需要拡大政策は，土地投機による土地価格高騰をもたらし，企業の土地取得を逆に困難にした。また，先に述べた1973年の第1次石油危機は世界経済を直撃し，特にこれまで安い原油価格を前提に成長を牽引してきた日本の重化学工業に大打撃を与えた[4]。このような状況の下で，1974年には消費者物価が前年比23.7％も上昇するという戦後の一時期を除いては経験したことのない，いわゆる「狂乱物価」という現象が発生した。

田中内閣は，狂乱物価と原油価格高騰に対処すべく，今度は日本銀行の公定歩合の引き上げと貸出の窓口規制による金融引締めや公共事業費の抑制など一転して需要抑制政策をとったが，これがさらなる景気の急速な悪化を招いた。1974年は戦後初のマイナス成長（実質経済成長率 −1.2％）に陥る一方，インフレーションの状態が続き，いわゆる不況とインフレーションが同時発生するスタグフレーションが発生し，いかにこの状態から脱却するかという困難な課題に直面した。

5.3　安定成長期（1974〜91年）における日本経済の特徴

　第1次石油危機とスタグフレーションを克服し，日本経済は，1970年代後半から比較的安定した経済成長を実現した。当初の安定経済成長は輸出拡大が主導したが，これがやがて，欧米諸国，特に米国との貿易トラブル（貿易摩擦）をもたらす結果になった。対外的な貿易摩擦の解消の過程で，1985年以降の為替レートは円高基調をもたらした。他方，国内では輸出減少に伴う景気悪化の懸念から大幅な金融緩和が実施された。そのことが，バブル経済とも呼ばれる土地・株式価格の投機をもたらす契機を醸成した。

5.3.1　輸出主導型経済成長の定着

　不況から脱出するために，日本の企業は製造業を中心に，企業経営の多面的な見直しや徹底な経営の効率化を行った。まず，生産コストの大幅削減のための減量経営を強化した。生産コストの柱である人件費削減のため，希望退職者募集や出向など「人減らし」の方策を徹底した。そのうえで，長期的にみた人件費抑制を目標に，産業ロボットやNC工作機械（numerical control machining）などの導入によって，生産ラインの自動化を推進した。また，原材料コスト特に石油の使用量を抜本的に減らすために，省エネ技術の開発とその実用化の成果を経営効率の柱にすえた。

　このような経営効率化が日本の産業構造を大きく変化させ，今までの素材型重化学工業から，自動車，電気機械器具，一般機械，精密機械などの機械産業が，基幹産業として台頭するきっかけになった。機械産業の台頭は耐久消費財の新製品開発をもたらし，たとえば燃費効率に優れ相対的に低価格の小型自動車やウォークマンなどの電気機器製品が発売され，大きく成長した。このように，日本における機械産業が全面的に開花した。

　機械産業の発展は国際競争力を強化し，1980年に入ると，機械産業の輸出増が顕著になった。機械産業における製品輸出の急増に対応するために生産能力の拡大が必要とされ，基幹産業を中心に設備投資が拡大し始めた。1980年代前半期の設備投資拡大は，輸出増が牽引したと考えることができ，この時期は輸出が主導する経済成長と特徴づけられる。

5.3.2 財政支出の大幅拡大と赤字国債発行

1974年のスタグフレーションの影響によって，法人税と所得税を中心に税収が大幅に落ち込み税収不足が深刻となった。1975年には政府（三木内閣）はこれまでの財政収支均衡化政策を転換し，「財政法特例法案」にもとづき戦後初めて赤字国債を発行を実施した。

第9章でも述べるように，戦時中は軍事費を調達するために多額の国債を発行した。終戦後，政府は国債償還も含めた多額の戦後処理費のために紙幣を刷って貨幣供給を増やし，これが戦後混乱期にハイパーインフレーションを産み，国民の生活をどん底に陥れた。このような苦い経験を経て，財政運営に関しては，ドッジ・ラインを原則にしていた。ドッジ・ラインとは，「赤字財政を排し，歳入面での増税を伴いながら総合予算を均衡化させる」という財政均衡主義に立脚したものであった。高度成長期はこの財政均衡主義が維持されたが，高度成長の終焉とともに，赤字財政を余儀なくされたのであった。財政均衡主義からの離脱は，その後の国債残高を雪だるま式に増やす出発点であった。

5.3.3 輸出主導型経済成長の行き詰まり

「石油ショック」以降の日本国内の需要の低迷は，主要製品の市場を海外に求める。1970年代後半から1980年代にかけて，カラーテレビや小型車など特定製品の集中豪雨的ともいえる対米輸出が，日本とアメリカの貿易上の摩擦を生みだした。「集中豪雨的輸出」によって日本の貿易収支は大幅な黒字となった。それと対照的に，アメリカの貿易収支赤字は大幅に増え，それを放置すれば，ドル暴落が起こり世界経済に大きな衝撃を受けるという危機感が世界的に共有された。ドル暴落の危機を背景に，1985年にアメリカの貿易収支改善のため先進国が協調してドル安を実現するという「プラザ合意」が行われた。この合意によって日本経済にはドル安円高基調が定着することになった。このような経済状況に直面して，機械産業における大企業は，貿易摩擦と円高に対応しながら，同時に自社の利潤を維持するため，長期視点からの経営戦略の見直しをはかった。その結果，これまでの輸出促進策を転換し，対米直接投資拡大による現地生産体制の確立に本格的に取り組むことが重要であるという認識が

一般化し，日本企業のグローバル化が本格化していくことになった。

5.3.4　第3次産業革命（ME革命）

　1980年代後半期は，技術進歩によってパーソナルコンピュータ（PC）という新製品が開発され，全世界的に普及していく段階に入っていた。PCの本格的な普及によって，産業全体にさまざまな波及効果をもたらす「ME革命」が到来するという期待が高まり，製造業では，企業の期待成長率は上方に修正され，民間設備投資の拡大が始まった。「ME革命」は，製造業における新たな製品開発を可能にしただけではなく，金融・情報関連など新たなサービス産業の発展を促すという「確信」を多くの企業に与え，金融・情報サービス産業への企業参入の流れが加速し，オフィスビル需要という民間設備投資が拡大し始めた。

5.3.5　公共投資拡大の対米公約と東京再開発構想

　プラザ合意以降の急速な円高を背景に，日本企業のグローバル化は進んでいったが，一方では，円高にもかかわらず日本の機械産業の国際競争力は依然として維持され，日本の対米貿易収支黒字は一層の増加をみせた。アメリカは，為替レートの調整だけでは日米の貿易不均衡を是正することは困難であるという認識にたち，日米貿易不均衡をもたらしている根本原因は，日本経済における構造・制度・慣行など経済構造にあるとし，日本の経済構造の抜本的改革を要求してきた。1989年から「日米構造協議」の会合が精力的に実施され，そこでアメリカは，貿易摩擦解消のために，日本が輸出主導から内需主導の経済構造に転換することを求め，日本側の具体的内需拡大の経済政策を強く要求した。その結果，日本は1991年から10年間に430兆円の公共投資を行うことをアメリカに約束した。

　この公共投資拡大の約束が，官民による東京の再開発構想の具体化を加速した。東京再開発構想は，東京を24時間駆け回るグローバルマネーの中継基地とするために，ニューヨークやロンドンに匹敵する「東京国際金融都市」を構築するというものであった。「東京国際金融都市」構築の基盤整備ため多額の公共投資が投下されるという情報が官民で共有され，民間企業の新たな土地取

得競争が激化し，オフィスビルの建設ラッシュのきっかけとなった。

5.3.6　バブル経済の到来と崩壊

　政府は，「資産倍増計画」なるもの持ち出し，国民に質の高い住宅取得を促すという名目で，土地取得などストック取引の規制を緩和し，土地利用の流動化を図った。円高によって物価は安定していたためインフレの心配がなかったので，政府は土地供給促進のため超金融緩和政策を実行した。また，東京での土地価格の暴騰によって取得された資金は，やがてその他の地方都市の土地価格高騰の原資となり，国民の住宅需要の拡大と相俟って，日本中の土地価格が大幅に上昇した。

　「ME 革命」を背景とした民間企業のオフィスビル需要の拡大および政府の一連の土地利用促進策と公共投資拡大により，土地に対する超過需要が発生し，不動産価格が大幅に値上がりした。不動産業業者が中心となって不動産資産を担保に資金を調達し，それが不動産市場だけでなく株式市場にもながれ，不動産・株式などの資産価値がさらに上昇してバブルといわれる現象が発生した。

　その後不動産価格の上昇は異常なものとなり，国民間の「資産格差」が放置できない状況になったため，政府は強力な貸出の総量規制を含む金融引締め政策を強行した。結果，それまで低金利で資金調達をして不動産取得を行っていた不動産業者の借り入れコストが大幅に増加することによって不動産の売りが先行し，不動産価格は急速に値下がりし，バブル経済が崩壊した。

　不動産業者などに多額の貸付を行っていた金融機関には多額の回収不能な債権が発生し，「不良債権」が急増，企業・金融機関の倒産が多発した。また，生き残った金融機関もいかに不良債権を処理して経営改善を回復するかが不可避となり，大幅な雇用整理をはじめリストラが本格的に展開された。このようにして，日本経済は「失われた日本」と呼ばれるような長期不況に陥った。

5.4　長期停滞期（1992〜2014 年）における日本経済の特徴

5.4.1　不良債権処理と政策の失敗（1992〜97 年）

　金融引締め政策の一環として，土地関連融資の総量規制が強力に推し進められことによって，土地に対する需要が急速に縮小しはじめ，土地取引市場は一気に超過供給の状態に陥った。地価の急落によって，不動産資産価値は下落し，不良資産が大幅に増大した。

　民間企業は単に不良債権を処理するということにとどまらず，人件費削減のため正規労働者を減らすなどのリストラを敢行し，減量経営の徹底を図った。減量経営の目的は，景気の良し悪しにかかわらず，経営悪化に陥らないように，固定費である債務や人件費を削減するというものであった。

　民間企業設備投資は 1995 年から回復基調をみせ，実質経済成長率も 1.9%（1995 年）2.6%（1996 年），1.9%（1997 年）になるなど順調な回復をみせ，日本経済はバブル崩壊から立ち直り，新たな経済成長経路に乗ったと当時の橋本内閣は判断した。そして行政改革を急いだ橋本内閣は，1997 年には消費税をそれまでの 3% から 5% に増税した。また，財政赤字削減のため，公的社会保険制度などの保険料値上げを行った。トータルでみると国民負担が 9 兆円増え，その結果，家計最終消費支出の伸び率が大きく後退し，実質経済成長率は 1.6% に減速した。1998 年には実質経済成長率がマイナスを記録するなど日本経済は再び長期不況に逆戻りした。

5.4.2　財政問題の深刻化（1998〜2000 年）

　橋本内閣の後に誕生した小渕内閣は行政改革よりまずは景気回復が日本経済の優先課題であると位置づけ，積極的財政政策と所得税の恒久減税政策による景気浮揚をめざし，その結果，景気回復に一定の効果があらわれた。しかし，景気回復は長続きせず，景気停滞を打破するにはいたらなかった。そのため，経済成長を高めて税収の自然増を達成して歳出増に充てようとしたが，税収増を確保することができず，国の借金である国債残高が急速に増加し，日本の財政構造は大きく悪化，低成長下の財政再建問題が新たな重い課題になった。

5.4.3 構造改革（2001〜06年）

2001年に発足した小泉内閣は，日本の国債残高が巨額にのぼり，財政再建に取り組むことが重要な政策課題であるとした。しかし同時に景気回復を実現することも必要であるが，これ以上積極的財政政策による景気回復を目指すことには限界があると判断した。財政再建と景気回復の両立を実現するためには，規制緩和や財政構造の転換などの構造改革が不可欠であるとした。

規制緩和によって，民間企業のビジネスチャンスを広げ，内外環境の変化に柔軟に対応できる経営を支援し，民間企業の前向きな投資意欲を喚起し，民間設備投資の拡大による景気回復を目指した。主な政策としては，構造改革特区，都市再生特別措置法，労働者派遣法の規制緩和などがあげられる。

財政構造改革では，郵政民営化，道路公団民営化，市場化テスト，指定管理者制度，独立行政法人や政策金融機関の統廃合，「三位一体の改革」（「国庫補助負担金の廃止・縮減」「税財源の移譲」「地方交付税」の一体的な見直し）など多岐にわたった。

実質経済成長率は，2001年以降プラスに転じ，2004年には2.4％を記録している。民間の活力を引き出して設備投資を拡大させ，財政政策に依存せずに一定の景気回復ができたことは構造改革の成果の部分である。

しかし，労働者派遣法の規制緩和によって，非正規労働者が激増し，正規労働者と非正規労働者の「格差問題」をもたらした。不良債権処理の過程で，企業は減量経営を行ってきたが，この経験を通じて，人事管理について，「企業の中核を担う長期雇用者と流動化させる労働者の最適な組み合わせを選択する」という「雇用のポートフォリオ」の考え方が一般的になり，これを後押しするために，労働者派遣法の規制緩和が実施された。「雇用のポートフォリオ」によって，企業は景気が悪くなれば，いわゆる派遣切りによって容易に雇用調整ができるようになった。たとえば，2008年からのリーマンショックの際には大量の派遣切りが行われた結果，リーマンショックによる企業の収益悪化は急速に回復した。非正規労働者の増加は，経済成長の新たな制約要因，社会保障制度の不安定性，少子化問題など日本の長期的問題を引きおこすことになった。

5.4.4　イノベーションとその経済効果

　長期停滞期にも通信情報技術のイノベーションによってスマートフォン（携帯電話）など耐久消費財における新製品の急速な普及がみられた。しかし，これが民間設備投資の拡大に与えた効果はそれほど大きくなかった。これまでは，イノベーションによる新製品は最終財として国内で生産されていたが，最終財であるスマートフォンの多くは輸入によって調達され，最終財の国内供給体制の増強は限定的であった。スマートフォンは国際分業に基づく国際供給体制のもとで生産されているところに特徴がある。日本はスマートフォン生産のうち電子・機械部品の生産を国際的に供給しているので，電子・機械部品産業などの設備投資の拡大は期待される。しかし，「投資が投資を呼ぶ」というようなそれ以外の製造業への波及効果はあまりみられない。

　イノベーションによって新製品が開発されても，国際分業による国際供給体制が一般的になると，国内における設備投資拡大効果も弱くなる。グローバル化の進展が民間企業設備投資の持続的拡大を抑制している大きな要因となったのである。

　輸出が増大すれば，外需という需要が増えるので，生産能力拡大のための設備投資拡大が必要になる。しかし，日米貿易摩擦以降，自動車に限らず多くの製品について，輸出がある一定以上増えると，現地生産に切り替えるという企業行動が一般的になってきた。輸出を梃子に民間設備投資を拡大していくということは困難となった。現地生産への切り替えの本格化による日本企業の多国籍化が，民間設備投資の拡大を抑制しているのである。

　このように，製品生産の国際分業体制の深化と日本企業の多国籍化という二つの経済のグローバル化が，国内の設備投資の停滞をもたらしたということができる。

5.5　日本経済の到達と課題

　(1)　エレクトロニクス革命（第2次産業革命），ME革命（第3次産業革命）を通じて，さまざまの耐久消費財を手にいれることができ，戦後70年間で物

質的な豊かさは飛躍的に増大した。二つの産業革命を通じて，特に情報通信の発展は想定を絶するものがあり，人々の生活スタイルに大きな変化をもたらすなど，社会は大きく変容した。

　日本列島改造論にもとづく国土開発計画は，愚直までに実行に移され，長期間を通じて実現されてきた。交通情報ネットワークは飛躍的に発展し，日本列島内の移動時間は大幅に短縮された。どこにでも短時間に気軽に行き来できるということから，さまざまな便益（旅行，買い物）を享受できるようになり，生活の豊さを実感できるようになった。

　(2)　高度成長期に起こった地方から都市部への人口移動によって，地方の衰退は現在も続いている。日本列島改造論のねらいであった高速交通網の整備をもってしても，地域の衰退は止まらなかった。むしろ，便利になったがゆえに地方の人が都市部に買いものに気軽に行けるようになり，かえって地方の購買力が低下し衰退の要因になってしまった。これからのさらなる人口減少で，地方消滅が現実的な問題になっている。地域経済の衰退と消滅をいかに止めるか，大きな課題である。

　(3)　公害は，大気や水に対する化合物質による汚染が原因であった。化学物質による汚染は現在は一定程度コントロールされているが，これまでの経済成長の負荷が二酸化炭素という化合物を増やし，地球温暖化が深刻化している。地球温暖化はグローバルな広がりもつ公害ともいえ，解決が急がれる大きな政策課題である。

　(4)　安定成長期以降，景気浮揚のため積極的財政政策が多用された。三木内閣の時に赤字国債発行を認めるようになり，財政規律がどんどん緩くなった。特に，小渕内閣の時の景気対策以降，赤字国債の発行の抑止が困難になってきた。巨額の財政赤字が日本経済の大きな重荷になっている。

　(5)　日本では，春闘方式という賃金決定メカニズムによって，高度成長期に賃金が大幅に上昇し，国民生活の底上げに大きな役割を演じた。この状態は安定成長期前半まで続いた。しかしその後，経済合理性に基づく賃金上昇を労働組合自身が受け入れ，労使協調による賃金決定が主流になり，賃金上昇は大きく抑制され，その分物価が落ち着くことになった。緊張感をもつ労使の賃金交渉は影をひそめ，春闘自身が形骸化した。さらに，財界の雇用をめぐるポート

フォーリオ戦略と一体化した小泉内閣の時の構造改革による労働市場の流動化は，大量の非正規労働者を生み出した。非正規労働者の賃金がほとんど上らず，春闘の対象にすらなりえない状況である。労働者一人当たりの賃金は下落するという事態になり，これがデフレーション経済の大きな原因になった。非正規労働を正規労働に転換すると同時に，非正規労働者の賃金待遇を抜本的に引き上げることが不可欠である。

　(6)　戦後日本経済は激しいインフレにみまわれ，戦争による電力などのライフラインの破壊や生産力の壊滅的打撃など，困難な課題に直面していた。しかし，日本国憲法の制定に基づき第9条に「戦争の放棄」ということが規定され，平和国家になることを世界に宣言することによって，軍備拡大より経済建設に大きな力を注ぐことができるという状況がつくられた。日本国憲法の存在が，戦後日本経済復興と発展に大きな役割を果たしたことを忘れてはならない。

　経済民主化政策と平和憲法の制定は，戦後の農民・労働者の権利を守り地位向上に大きな役割を果たし，戦前に比較して1人当たりの所得水準には著しい上昇がみられた。この1人当たり所得水準の上昇が，マクロ的には家計の可処分所得を増加させ，消費需要という内需拡大の推進要因となった。経済民主化政策は，戦前の慢性的な需要不足を解消し，内需主導型経済成長を実現する大きな要因となった。今後とも平和の配当を享受し続けることができるかどうか大きな課題である。

　(7)　日米貿易摩擦以降，日本企業の海外進出が本格し，経済のグローバル化はますます進行した。海外進出とは現地生産を行うことであり，現地生産のため設備投資が拡大する。しかし，一方で国内では設備投資拡大のインセンティブが働きにくくなっている。経済のグローバル化が国内経済の停滞をもたらしている。今後は，消費を増やして需要が増加することで民間設備投資を誘引するような社会経済のあり方が問われている。投資から消費ではなく，消費から投資という経済社会である。戦後日本経済の国際関係については第8章で詳しく述べる。

推薦図書

- 山家悠紀夫『日本経済 30 年史（岩波新書）』岩波書店，2019 年

　本書は，バブル経済崩壊後 30 年間の日本経済について，歴代政権の経済政策を「構造改革」をキーワードに詳しく分析し，この構造改革が日本経済の変質をもたらしたことを強調している。この 30 年間の日本経済の変容をわかりやすく説明した好著である。

- 宮崎　勇ほか『日本経済図説 第 4 版（岩波新書）』岩波書店，2013 年

　本書は戦後から現在にいたるまでの日本経済の特徴を豊富なデータをもとにわかりやすく鳥瞰している。戦後 70 年間の日本経済の歩みを理解するうえで格好の入門書である。

- 吉見俊哉『平成時代（岩波新書）』岩波書店，2019 年

　本書は平成 30 年間の経済・政治・社会・文化などについて多面的考察を展開し，平成時代は「壮大な失敗」の序曲であると総括している。そのうえで，失敗をしっかり総括しなければ未来の展望は開けないとしている。社会学からみた平成時代の総括から多くのことを学ぶことができる。

- 金子　勝『平成経済衰退の本質（岩波新書）』岩波書店，2019 年

　本書は平成経済に焦点をあて，データを駆使しながら経済衰退のメカニズムについて分析している。本書は，ポスト平成時代における政策の方向性を提示しており，政策論的視点から学ぶべき多くの論点がある。

注

1)　3 つの時期区分についてはいろいろ議論があるところであるが，本章では 1956 年〜73 年を「高度成長期」，1974 年〜91 年を「安定成長期」，1992 年〜2014 年を「停滞期」とみなしている。

2)　平均経済成長率の導出では，まず各期間中の GDP 増加率を求める。

$$期間中の \text{GDP} 増加率 = \frac{\text{GDP}（最後の年）}{\text{GDP}（最初の年）}$$

このとき小数点表記の平均経済成長率は次のようにして求まる。

$$平均経済成長率（小数点表記）=（期間中の \text{GDP} 増加率）^{1/（年数-1）}-1$$

これに 100 をかけて百分率表記の平均経済成長率がもとまる。なお，ここでの GDP は実質値である。

3)　スタグフレーション Stagflation は Stagnation（経済停滞）の最初の Stag と Inflation（インフレーション）の後半を結びつけた造語である。

4)　原油価格の増加にとどまらず，鉄鉱石，石炭，ボーキサイト，銅鉱石など当時の主要産業が用いていた主たる原材料の輸入価格も大幅に増加している。

第6章
日本の経済成長の原動力

6.1 経済変動における投資の特徴

　経済の変動を観察する場合，生産されたものがどのようにどれだけ販売されるのか（需要面），そしてどのような技術のもとで生産が行われるのか（供給面）を検討することが重要である。

　一般に，消費と投資，そして，投資と利潤（営業余剰）は以下のような特徴を持っているとされる。まず，社会全体の消費は，労働者等の社会構成員が生存のために必ず支出しなければならないものである。それゆえ，消費量は労働者等が受け取った賃金に比例して決まり，年ごとの大きな変動はない。また，第3章の表3.3でも見たように，消費（最終民間消費支出）のGDPに占める割合は60％近くに達し，最も大きな需要項目をなしている。それに対して，投資は1995年時点で民間住宅投資，企業設備投資，公的固定資本形成資本形成を合わせても30.8％と消費の半分程度を占める程度である。消費の割合は比較的安定しているが，投資の割合は大きく変動している。次節以降でも確かめられるように，この投資の変動が日本経済の変動に大きな役割を果たしてきた。実際の日本経済の変動を確かめる前に，投資と利潤との関連をもう少し見てみることにしよう。企業が生産活動の結果得た売上高（販売額）のうち賃金費用等の諸費用を差し引いたものが利潤（営業余剰）となる。この利潤は全て企業が自由に処分しうるものではなく，銀行からの借り入れ利子支払い，株主への

配当支払い，減価償却額，法人税等が差し引かれる。その残りは，将来の生産拡大のための投資，企業内部の蓄積（内部留保）となる。

　第3章では，総需要と総供給は事後的にバランスしており，総所得（GDP）であることを確認した。総所得から消費を差し引いたものは貯蓄として定義される。外国貿易がないと仮定すると総需要・総供給のバランスは総貯蓄＝総投資であることが理論的に導かれる[1]。さて，利潤は貯蓄そのものではないが，どれだけの利潤が実現したかは企業の投資に大きな影響を及ぼすことになる。企業の投資は，利潤をもとに私的な観点から決定されており，将来の経済の予測が変更されると，投資支出の水準は変動せざるを得ない。

　投資の役割は，二つある[2]。第一に，投資を行った年次では，投資対象が需要として表れ，供給の有力な販売先となり，他の企業の利潤を確保する。具体的には，国民経済計算（System of National Accounts）の需要項目の一部としてみることができる。第二に，投資後しばらくすると，投資によって企業等が得た生産手段が工場等に設置され，稼働を開始する。つまり，新たな生産能力として，供給を増大させることになる。また，近年注目される，労働量や資本ストックの増大がない状況で生産能力がどれだけ向上したかを測る技術進歩率は，投資の内の研究開発費（Research & Development）によって増大するといわれている。

　だが，単に，社会全体の企業が，ある年次で一斉に投資をすれば，それがある年次の利潤として実現するという点だけでは，分析上不十分である。なぜなら，実際には，企業や資本家は，個々の私的な利潤の観点から投資を決定しているが，その投資の決定は，今期実現した利潤ではなく，以前の経済状態をみて判断され，かつ今期の生産能力は以前の投資によっても決定されるからである。では，どのようなプロセスで，社会全体の投資の決定がなされているのか。それは，まず，個々の企業や資本家が将来の好景気を予想し，以前よりもより大きな投資をする。すると，以前よりも大きな生産能力不足，超過需要が発生し，より高い利潤を実現する。そこで，さらにより大きな投資が行われることになる。このような累積的な増大の傾向を持つことも，資本主義（資本制）社会の下での投資の重要な特徴である[3]。加えて，金融機関等からの借り入れや債券・株式を発行する等によって，資金を調達することで，当期に利用できる資

金以上の投資が可能になり，投資の累積的な増大作用がより促進される[4]。要約すれば，投資すればするほど利潤が増大する仕組みが，この経済システムには組み込まれているわけである。このことは，逆に，投資がいったん減少すれば，投資や利潤がますます減退していく仕組みと言い換えることもできる。このような好況と不況の累積的な過程は，1955〜1970年の高度成長期に特に顕著にみられた現象であり，設備投資の水準や利潤の水準によって測ることができる。

　以下では，日本経済成長の原動力を需要面，および供給面から考察を行うことにしよう。

6.2　需要面からみた日本の経済成長

　需要面の変化は国内で販売されるもの（国内需要，内需）と海外で販売されるもの（国外需要，外需）とに分けることができる。また，国内需要は，大きくは消費や投資などの変化として民間部門と公共部門の変化に分けることができる。以下では，二つの視点から国内総支出の変動の要因を，表6.1の最終需要項目（民間最終消費支出，政府最終消費支出，民間住宅投資，民間企業設備投資，公的固定資本形成，財・サービスの輸出，（控除）財・サービスの輸入）をもとに検討していく。まず第一の視点は投資と消費の推移である。具体的には，投資（民間企業設備投資）と消費（民間最終消費）の関係，民間部門と公的部門との関係の変遷をみることで，日本経済の特徴の把握に努めていく。第二の視点は，グローバル化の進展である。近年，さままざまな分野で聞くグローバル化であるが，一体いつから始まったのか。これを考えるために各最終需要項目内の輸出と輸入の変化についてみていく。

　さて表6.1は，各最終需要部門が5年間でどれだけ経済成長に貢献したのかを寄与度という指標で表したものである（寄与度の計算方法についてはコラムに掲載している）。たとえば，1955年〜1960年の欄の最終行の国内総支出の8.77％は，1955年から1960年までの5年間の年平均経済成長率（GDP成長率）を表したものである（年平均成長率の計算方法は第5章の注2を参照）。この表では高度成長期は，1955年〜1960年，1960年〜1965年，1965年〜1970年の期間に対応しており，第5章で定義した成長区分とは若干のずれが

表 6.1　国内総支出（実質）の成長の主要最終需要別寄与度（％）

項目／期間	1955–1960	1960–1965	1965–1970	1970–1975	1975–1980	1980–1985	1985–1990	1990–1995	1995–2000	2000–2005	2005–2010	2010–2015	2015–2018
民間最終消費支出	5.57	5.50	5.64	3.25	2.37	1.78	2.58	1.14	0.56	0.72	0.30	0.33	0.12
寄与率	(63.4)	(59.8)	(50.8)	(72.5)	(54)	(52.8)	(55.7)	(79.3)	(50.9)	(60.7)	(308.5)	(33.5)	(19.5)
政府最終消費支出	0.60	0.80	0.51	0.55	0.44	0.26	0.24	0.22	0.43	0.37	0.20	0.29	0.10
寄与率	(6.8)	(8.7)	(4.6)	(12.4)	(10)	(7.6)	(5.1)	(15.3)	(39.2)	(31)	(218.8)	(29)	(16.4)
民間住宅投資	0.50	0.94	0.99	0.35	0.05	-0.09	0.50	-0.13	-0.17	-0.07	-0.25	0.05	0.00
寄与率	(5.7)	(10.2)	(8.9)	(7.8)	(1.2)	(-2.8)	(10.7)	(-8.8)	(-15)	(-5.7)	(-255.2)	(5.5)	(0.5)
民間企業設備投資	1.77	0.98	2.83	0.07	0.63	0.85	1.72	-0.38	0.29	0.26	-0.44	0.60	0.15
寄与率	(20.1)	(10.7)	(25.5)	(1.6)	(14.4)	(25.1)	(37.2)	(-26.5)	(26.2)	(22)	(-447.7)	(60.7)	(24.2)
公的固定資本形成	0.58	1.07	0.99	0.54	0.42	-0.18	0.25	0.58	-0.19	-0.47	-0.12	0.02	0.00
寄与率	(6.6)	(11.7)	(8.9)	(12.1)	(9.5)	(-5.3)	(5.4)	(40)	(-16.8)	(-40.1)	(-124.4)	(1.7)	(0.7)
財貨・サービスの輸出	0.40	0.60	0.90	0.61	0.82	0.80	0.33	0.49	0.50	0.71	0.43	0.38	0.40
寄与率	(4.5)	(6.5)	(8.1)	(13.7)	(18.6)	(23.6)	(7.2)	(34.7)	(45.5)	(60.1)	(440.2)	(38.6)	(66.2)
（控除）財貨・サービスの輸入	-0.68	-0.68	-1.11	-0.52	-0.36	-0.05	-1.00	-0.38	-0.40	-0.52	-0.03	-0.75	-0.18
寄与率	(-7.8)	(-7.4)	(-10)	(-11.6)	(-8.2)	(-1.6)	(-21.5)	(-26.3)	(-36.4)	(-44.2)	(-30.6)	(-75.4)	(-29.6)
国内総支出	8.77	9.20	11.09	4.48	4.38	3.37	4.63	1.44	1.10	1.18	0.10	0.99	0.60

括弧内は寄与率。

(注1)：1995 年までの数値は内閣府経済社会研究所「平成 2 年基準 (1968SNA)」。1995 年以降の数値は同「2018 年度国民経済計算 (2011 年基準・2008SNA)」。

(注2)：財貨・サービスの輸入は、国内総支出の控除項目であるので、寄与度は逆符号で表示した。たとえば、財貨・サービスの輸入が増加すると、寄与度はマイナスの符号となる。

(注3)：各最終需要の寄与度の下段に寄与率を掲載。

(注4)：ただし、表では、在庫投資の項目を除いて掲載しているため、各寄与度、各寄与率、寄与率の合計は、国内総支出のものと厳密には一致しない。

ある。いずれにせよ，この期間の平均成長率は，8.77%，9.2%，11.09% とそ
れ以降の成長水準とは比べ物にならないほど高いことがわかる。さて，1955
年〜1960 年の欄の最初の行の消費（民間最終消費支出）の 5.57% は，GDP 成
長率 8.77% のうちの貢献度を示している。その下の欄の寄与率 63.4% は，消
費の貢献度 5.57% が GDP 全体の成長率 8.77% に占める割合を表している。こ
の寄与率は，表 6.1 において，各寄与度の下段に示されている。この指標をも
とに各期間の各最終需要項目の寄与度，寄与率に関する変化を観察すると以下
のようにまとめることができる。

　表 6.1 では，5 年ごとに区切った年変化率を示している。国内総支出の年変
化率を概観すると，大きく 4 つの時期に区切ることができる。まず，1955 年
から 1970 年までの年平均 10% 近い成長を遂げた高度成長期といわれた時期で
ある。その後，1970 年から 1980 年までの 10 年間では，国内総支出の年平均
変化率は，半分以下の 4% 台に低下していた。この時期を調整期と呼ぶ。高度
成長期から調整期に移行した理由については，次節で労働供給の側面から検討
していく。1980 年以降の 10 年間は，約 4% 台の成長率がほぼ続くことになる。
1990 年以降の低成長期は，約 1% ほどの成長にとどまっていた。

　次に，投資と消費の推移についてみていく。表 6.1 の最下段にあるように，
1955 年から 1970 年までは，年平均 10% 近い経済成長を遂げていたことはす
でに述べたとおりである。この成長を支えたのは，消費の増大であった。事実，
民間の消費の経済成長に対する寄与度をみると，1955 年から 1970 年までは，
5.5% 以上であった。寄与率の各項目の合計は 100% であるが，消費は，おお
むね 50% から 60% の範囲で推移している。これはどの最終需要項目よりも高
い水準であり，もっとも経済成長に貢献した最終需要項目であった。第 5 章で
も示したように，この旺盛な消費の内訳には，洗濯機やテレビ等の耐久消費財
が含まれていた。1955 年以降の全期間において，投資の経済成長に対する寄
与度が高い時期は，1965 年から 1970 年であった。この 5 カ年の寄与度は，
2.83% である。GDP の成長に対する非常に高い投資の寄与度は，投資が累積
的に拡大してきたことを示唆するものである。1970 年から 80 年の時期は，不
況克服の政策措置がとられたこともあり，民間需要の減少を相殺する意図で公
的部門の役割が高くなる。また，そのための資金として，国債の発行が増加し

た。

　1980年～90年の時期は，投資の役割が再び高まる。しかし，1980年代後半の実体経済の状況には対応していない，将来のための多額の支出を引き起こし，1990年代以降の後遺症につながる。この時期以降の投資の経済成長に対する寄与度は高い数値ではないが，寄与率は徐々に高い割合となっていった。1985年から1990年にかけては，投資の経済成長に対する寄与率は，30%を超える。その後，2005年から2010年にかけては，60%を超えるなど，最高水準となる。このように各期の最終需要変化を観察すると，消費と企業設備投資は反対の動きが安定成長期までは見られる。しかし，90年代後半は少し動きが異なってくる。この時期は成長率が90年代前半と比較して一層低下したが，企業設備投資の役割が相対的に大きくなり，消費の役割が小さくなっている。

　もう一つの視点であるグローバル化の変容を表6.1からみていく。国内総支出（Gross Domestic Expenditure: GDE）の関係からみたグローバル化の進展は，日本国内で消費する財・サービスが，輸入の増大によって供給されている場合を指す。加えて，日本国内で生産した財・サービスは海外で購入されることになるが，その増大もグローバル化の進展を示すものである。ただし，輸出と輸入以外の最終需要項目には，生産の際に用いられる原材料や部品は含まれない。しかし，輸出と輸入には，それらが含まれることに注意が必要である。輸入の経済成長に対する寄与度の表記は，輸入（マイナス表記を除いた絶対的な値）が増大すれば，国内総支出が減少するようになっている。そのため，表6.1のこれらの数値はマイナス表示とした。たとえば，1955年から1960年には−0.68%であったものが，2010年から2015年にかけては−0.75%になっていた。このように経済成長に対する寄与度はほぼ一定であったが，一方で経済成長の中での輸入に占める位置は徐々に高まっていた。それは，輸入の経済成長に対する寄与率をみると明らかである。1955年から1960年には−7.8%であったものが，上下変動があるものの，1985年以降，絶対的な値は増大し，2010年から2015年にかけては−75.4%になった。一方，輸出の増大は，国内総支出の増大へとつながる。輸出の経済成長に対する寄与度をみると，この数値も一貫して0.3%から0.9%の範囲である。輸出の経済成長に対する寄与率は，年々高まってきていた。特に，1970年以降にいったん大きく増大してい

寄与度の計算方法

　　以下では，経済成長率と各寄与度との関係式を導出する。まず，国内総生産（Y），民間最終消費支出（C），民間最終住宅投資支出（IR），民間設備投資支出（I），政府消費支出（G），公的資本形成（GI），輸出（E），輸入（M）の関係を式で書くと，以下のようになる。

$$Y = C + IR + I + G + GI + E - M \tag{1-1}$$

両辺の式に時間の添え字 t をつけると

$$Y_t = C_t + IR_t + I_t + G_t + GI_t + E_t - M_t \tag{1-2}$$

t 時点（例1960年）より1期前，$t-1$ 時点（たとえば1955年）は，

$$Y_{t-1} = C_{t-1} + IR_{t-1} + I_{t-1} + G_{t-1} + GI_{t-1} + E_{t-1} - M_{t-1} \tag{1-3}$$

となる。5年間の差分を計算するために，（1-3）式から（1-2）式を引くと

$$Y_t - Y_{t-1} = C_t - C_{t-1} + IR_t - IR_{t-1} + I_t - I_{t-1} + G_t - G_{t-1} + GI_t - GI_{t-1} \\ + E_t - E_{t-1} - (M_t - M_{t-1}) \tag{1-4}$$

を得る。上述の式の項目の差分を，式を以下のように書き直して，

$$\Delta Y_t = \Delta C_t + \Delta IR_t + \Delta I_t + \Delta G_t + \Delta GI_t + \Delta E_t - \Delta M_t \tag{1-5}$$

最後に，式の両辺を Y_{t-1} で除すと，

$$\Delta Y_t / Y_{t-1} = \Delta C_t / Y_{t-1} + \Delta IR_t / Y_{t-1} + \Delta I_t / Y_{t-1} + \Delta G_t / Y_{t-1} + \Delta GI_t / Y_{t-1} \\ + \Delta E_t / Y_{t-1} - \Delta M_t / Y_{t-1}$$

$$\frac{\Delta Y_t}{Y_{t-1}} = \frac{C_{t-1}}{Y_{t-1}} \frac{\Delta C_t}{C_{t-1}} + \frac{IR_{t-1}}{Y_{t-1}} \frac{\Delta IR_t}{IR_{t-1}} + \frac{I_{t-1}}{Y_{t-1}} \frac{\Delta I_t}{I_{t-1}} + \frac{G_{t-1}}{Y_{t-1}} \frac{\Delta G_t}{G_{t-1}} + \frac{GI_{t-1}}{Y_{t-1}} \frac{\Delta GI_t}{GI_{t-1}} \\ + \frac{E_{t-1}}{Y_{t-1}} \frac{\Delta E_t}{E_{t-1}} + \frac{M_{t-1}}{Y_{t-1}} \frac{\Delta M_t}{M_{t-1}}$$

$$\frac{\Delta Y_t}{Y_{t-1}} = w_C \frac{\Delta C_t}{C_{t-1}} + w_{IR} \frac{\Delta IR_t}{IR_{t-1}} + w_I \frac{\Delta I_t}{I_{t-1}} + w_G \frac{\Delta G_t}{G_{t-1}} + w_{GI} \frac{\Delta GI_t}{GI_{t-1}} + w_E \frac{\Delta E_t}{E_{t-1}} + w_M \frac{\Delta M_t}{M_{t-1}}$$

つまり，

経済成長率＝C の貢献度＋IR の貢献度＋I の貢献度＋G の貢献度
　　　　　＋GI の貢献度＋E の貢献度－M の貢献度

で表すことができる。

る点と 1990 年以降にさらに一段と増大している点は重要な変化である。

　高度成長期は，国内需要が成長に対する貢献度が高かったが，高度成長期以降は国外需要がより大きな役割を果たすようになる。特に，1990 年代に入り，輸出入の寄与度は極めて高くなる。この状況は，貿易収支黒字幅の拡大を反映し，貿易摩擦の深刻化をもたらすことになった。

6.3　供給面からみた日本の経済成長

　前節までで見たように，旺盛な需要によって日本経済は大きな成長を遂げてきた。また経済構造も大きく変容してきたことをみた。本節では，経済全体の供給能力を決定する技術水準について検討していく。この技術水準の変容を把握するために，まず，一定の生産技術水準（T）のもとで，機械等の固定設備である資本ストック（K），労働投入量（N）が結合されて財・サービスの供給が行われると考え，次のような生産関数を想定する[5]。

$$X = f(K, N, T) \tag{1}$$

ここで，X：生産量，K：資本ストック，N：労働投入量，T：ある時点（たとえば年次の）生産技術の絶対的な水準である。この（1）式は，経済全体で財・サービスを生産する際に，生産要素をどの程度投入するかを示すものである。価格付けがなされない生産物まで含めて，この生産の様子を把握しようした第 2 章の図 2.4 では，資本ストックを生産手段と呼び，労働投入量を単に労働と呼んでいたが，生産物の価格付けの問題以外はほぼ同内容である。

　生産は，個々の企業や公共団体等の経済活動の結果もたらされるもので，その集計として経済全体の生産水準（たとえば GDP）が計上されるが，ここでは経済全体を一つの経済活動体として考えることにしたい。（1）式は，関数の形が一般的なものになっているが，以降，（2）式のようなコブ・ダグラス生産関数と呼ばれる関数をもとに，生産量の成長の貢献度を測定していく。

$$X = K^{\alpha} L^{\beta} e^{\gamma T} \tag{2}$$

ここで，e はネイピア数を示す。T はある時期の絶対的な技術水準を示す。γ

表 6.2　供給面からの経済成長の要因分析

西暦年次の期間	生産要素の成長率（%）①			生産要素の GDP への貢献度（%）②			
	資本ストック	就業者数	合計（GDP）	資本ストック	就業者数	技術進歩率	合計（GDP）
1955-1960	8.52	1.64	8.79	3.07	1.05	4.67	8.79
1960-1965	11.88	1.29	9.17	4.28	0.83	4.07	9.17
1965-1970	13.46	1.49	11.17	4.85	0.96	5.36	11.17
1970-1975	10.85	0.5	4.42	3.91	0.32	0.19	4.42
1975-1980	6.48	1.17	4.59	2.33	0.75	1.51	4.59
1980-1985	7.09	0.96	3.74	2.55	0.61	0.57	3.74
1985-1990	7.06	1.48	4.52	2.54	0.95	1.04	4.52
1990-1995	5.11	0.66	1.42	1.84	0.42	−0.84	1.42
1995-2000	3.55	−0.04	1.41	1.28	−0.03	0.16	1.41
2000-2005	0.53	−0.28	1.18	0.27	−0.01	0.92	1.18
2005-2010	0.10	−0.18	0.10	0.05	−0.01	0.05	0.10
2010-2015	−0.08	0.32	0.99	−0.04	0.11	0.92	0.99
2015-2018	0.64	1.35	0.60	0.32	0.36	−0.08	0.60

（資料）　内閣府経済社会研究所および経済企画庁「国民経済計算年報」，同「民間企業資本ストック」，内閣府経済社会研究所「固定資本ストック」，総務省統計局「労働力調査長期時系列データ」
（注1）：各時期の成長率は年率平均。
（注2）：資本ストック，就業者の GDP への貢献度は生産要素の成長率に各要素の分配率を掛け合わせたもの。資本分配率は，1955 年から 2000 年までは 0.36。2000 年から 2018 年までは 0.497 とした。労働分配率は，2000 年までは 0.64 とし，2000 年から 2018 年までは 0.53 とした。
（注3）：資本ストックについては，1955 年から 2000 年までは，民間企業を対象にした粗固定資本。ただし減価償却を反映していない。2000 年以降は，減価償却部分を反映した純資本ストック。
（注4）：GDP は，1955 年から 2000 年までにかけては，1990 年固定価格の実質 GDP（68SNA）の推移を使用。2000 年以降は，2011 年連鎖価格の実質 GDP（2008SNA）の推移を利用。

はある時期からの技術水準の変化を示す。この γ が増大すれば，技術進歩（生産技術の改善）が存在することになる。この式の両辺の自然対数をとると

$$\ln X = \alpha \ln K + \beta \ln L + \gamma T \tag{3}$$

となる。表 6.2 の①欄は，K や N などの生産要素の成長率，および実質国内総生産の成長率（経済成長率）を 5 年ごとに示している。一定の仮定の下に（3）式に変形を施すと[6)]

実質国内総生産の成長率 ＝ 資本分配率×資本ストック K の成長率

＋労働分配率×労働 N の成長率＋技術進歩率　（4）

という関係が導かれる。ここで，資本分配率および労働分配率は，前者は総所得の内の利潤部分（企業の収益）に帰属する割合，後者は賃金（給与）部分に帰属する割合を示している[7]。（4）式は経済成長に占める資本の貢献分，労働の貢献分，そして双方では説明できない技術進歩による貢献部分を分解して経済成長の供給側からの要因を探ろうとするものである。

表6.2の①の欄には，前述のように資本ストックと労働投入量などの各生産要素の年変化率を掲載している。また表6.2の②欄は，各生産要素の経済成長への貢献度を計算したものである。表6.2では，前述の（4）式を用いて，具体的に以下の数式をもとに計測した結果を掲げている。表6.2の右側の枠内にある②生産要素の GDP に対する貢献度は以下のように分解できる。

技術進歩率② = GDP 成長率（合計）− 資本ストックの貢献度 − 労働の貢献度
資本ストックの貢献度② = 資本ストックの成長率① × 資本分配率
労働の貢献度② = 就業者数の成長率① × 労働分配率

最初の式にあるように，技術進歩率は，GDP の成長率から資本ストックの貢献度，就業者の貢献度を差し引いて求めたものとしている[8]。雇用形態には週労働時間に差異が存在する。それにかかわらず，雇用形態の違いを無視し，一人の労働者とみなして加算して集計したものを就業者数とし，そのデータを利用した。以上のデータは，総務省統計局や内閣府経済社会研究所等の官公庁が公表する政府統計から得ている。

表6.2から各期間における生産要素の貢献度の変化を観察することにしよう。表6.2の右枠の②をみると，資本ストックの GDP への貢献度が掲載されている。この資本ストックの GDP への貢献度に関して，1955年から1970年にかけての高度成長期についてみると，資本の貢献部分は，技術進歩率の貢献部分に匹敵するほど高く，1955年から1970年にかけては3% から5% であった（3.07（1955年〜1960年），4.28（1960年〜1965年），4.85（1965年〜1970年））。さらに，詳細にみると，1965年〜1970年では，GDP の年平均成長率11.17% の内で資本の貢献分が4.85%，技術進歩率の貢献分が5.36% と，この二つの要素で9割以上を占めていた。先に，この資本ストックの貢献分は，資本分配率と資本ストックの成長率から構成されていることを確認していた。こ

技術進歩率の推定

　以下では，技術進歩率を計測するための式と本文中で紹介したコブ・ダグラス型生産関数との関係を説明する。コブ・ダグラス型生産関数は以下のように定義されていた。

$$X = K^\alpha L^\beta e^{\gamma T} \tag{2-1}$$

　両辺の自然対数を取り

$$\ln X = \alpha \ln K + \beta \ln L + \gamma T \tag{2-2}$$

をそれぞれ K，L について偏微分すると，

$$\frac{1}{X}\frac{\partial X}{\partial K} = \alpha\frac{1}{K} \rightarrow \alpha = \frac{\partial X}{X}\Big/\frac{\partial K}{K} \quad \frac{1}{X}\frac{\partial X}{\partial L} = \beta\frac{1}{L} \rightarrow \beta = \frac{\partial X}{X}\Big/\frac{\partial L}{L}$$

となる。すなわち，α，β は，それぞれ資本が 1%，労働が 1%増加したときの生産が増加するパーセンテージの度合いを表し，それぞれの生産要素の貢献分，資本の分配率，労働の分配率を表すとされる。もし，生産物が完全に資本と労働に分配されるとすると，$\alpha + \beta = 1$ となり，(2-2) 式は

$$\ln X = \alpha \ln K + (1-\alpha)\ln K + \gamma T$$

と書き換えることができる。加えて，両辺の各項目に時間 t を添え字でつけると

$$\ln X_{t-1} = \alpha \ln K_{t-1} + (1-\alpha)\ln L_{t-1} + \gamma(t-1) \tag{2-3}$$

一期前については，

$$\ln X_t = \alpha \ln K_t + (1-\alpha)\ln L_t + \gamma t \tag{2-4}$$

5年間の差分を計算するために，(2-4) 式から (2-3) 式を引くと

$$\ln X_t/X_{t-1} = \alpha \ln K_t/K_{t-1} + (1-\alpha)\ln L_t/L_{t-1} + \gamma \tag{2-5}$$

となる。全体の成長 $\ln X_t/X_{t-1}$ に対する資本，および労働の貢献分は，それぞれ，

$$\alpha \ln K_t/K_{t-1}, \quad (1-\alpha)\ln L_t/L_{t-1}$$

であらわすことができ，(2-5) 式より

$$\ln X_t/X_{t-1} - \alpha \ln K_t/K_{t-1} - (1-\alpha)\ln L_t/L_{t-1} = \gamma$$

を用いて，技術進歩率 γ を推定することができる。

のうちの資本ストックの成長率の1955年から1970年にかけての急激な増大
（8.52％（1955年〜1960年），11.88％（1960年〜1965年），13.46％（1965年〜
1970年））が，GDPという生産能力を急増させたともいえる。これらは，本
章の冒頭でみた投資の二重性のうちの生産の能力の増大の一端を示すものであ
る。この資本ストックの増大も，徐々にそのテンポを低下させていたことも表
6.2からわかる特徴である。

　次に，高度成長期以降についてみてみると，特に，1990年代以降に技術進
歩率が大幅に低下していることがわかる。資本の貢献分も低下しているが，技
術進歩率ほどではない。1990年以降，資本の貢献部分よりも経済成長率が低
くなっており，これは企業が購入した設備投資が十分に生産活動に反映されて
いないことを表している。加えて，2010年から2015年にかけては，資本スト
ックは減少していた（表6.2の左枠①の −0.08％）。

　次いで，生産要素の内の就業者数についてみていく。表6.2の左枠①を見る
と，就業者数の年変化率を確認することができる。当初，1.64％（1955年〜
1960年）の成長であったものが，徐々に低下し，1985年から1990年にかけて
の年変化率の1.48％を最後に，1％を下回ることになる。この変化率の詳しい
内容は次節で検討するが，完全失業率が非常に低位な水準になった1970年ま
でには，労働市場で需給がひっ迫していたわけである。10％の年変化率とい
う高い経済成長を遂げていた日本経済が調整期に移行したのは，この就業者数
の増大率が，急速に減退したためであった。その後，1995年以降，就業者数
の年変化率は，マイナスとなる（−0.04％（1995年〜2000年），−0.28％
（2000年〜2005年），−0.18％（2005年〜2010年））。

6.4　高度成長期の終焉とその後の人口減少社会

　表6.2でみたように，1955年以降，就業者は順調に増大していた。この就
業者の増大が，1955年から1970年までの期間の高い経済成長を保った原因の
一つであることを前節で確認した。図6.1をみると，就業者に完全失業者を加
えた労働力人口は年々増加しているようにみえる。しかし，完全失業率をみる
と，1955年から1975年の間に，1％近い水準（1964年，1969年，1970年）

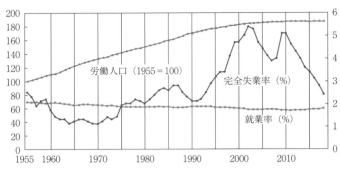

図6.1　労働力人口，就業率と完全失業率の推移

単位：指数，％。（出所）：総務省統計局「労働力調査長期時系列データ」

（注1）：労働力人口は，1955年の数値を100とした指数。就業率と完全失業率は％表示である。完全失業率のみ右軸表示となっている。

（注2）：1973年以降の数値には，1972年に沖縄県がアメリカ合衆国から日本に返還されたため，沖縄県の数値が加算されている。

まで低下しており，労働供給と企業側からみた労働需要は，非常にひっ迫していたことがわかる。企業が求める求人（労働需要）に，労働供給が追い付いていない状況であったわけである。しかし，1992年以降，完全失業率は急激に増大していき，2002年のピーク時には，5.4％まで上昇する。失われた20年といわれる時期は，この完全失業率が非常に高い水準であったことを指す。この時期は，新卒学生の視点からみれば，就職氷河期ともいわれ，多くの新卒学生が不本意な雇用形態を甘受し，相対的に劣悪な労働条件に置かれたまま放置されてきた時期でもある。その後，2011年以降，この完全失業率は低下していく。

　図6.1を再びみると，15歳以上人口に占める就業者の割合である就業率の推移は，1955年から2018年にかけて徐々に低下していることがわかる。1955年の69％，そして1957年の69.3％をピークとして，1972年には63.5％までいったん低下していく。その後，ほぼ60％台で推移していくのだが，2012年以降，若干，就業率は上昇したことには注意が必要である。第10章では，将来（たとえば2030年や2040年）の労働力に対する需要について論じるが，労働者の供給側からは，人口とこの就業率の水準が問題となる。就業率の論点については，特に第10章の10.5節において議論していく。

　高度成長の旺盛な生産活動を支えた労働投入量とは，図6.1の就業者であり，特に，企業が雇用していた労働者であるといえる。そこで，以降では，図6.2を用いて，雇用者の推移について着目して検討していく。まず，この雇用者と就業者との関係を確認するために，総務省「労働力調査」の用語の定義を確認する。総務省「労働力調査」によれば，働く人々の呼称である就業者の内訳を以下のように定義している。就業者の定義については，第2章で紹介したが，関係するところを振り返っておくと，就業者とは，15歳以上であり，実際に就業をしたり，仕事をもっていながらも休業している者を指す。

就業者（数）＝自営業主（数）＋家族従業者（数）＋雇用者（数）

　上の数式の右辺の第1項である自営業主とは，個人経営の事業を営んでいるものである。ここで，個人経営とは，生産手段を所有し，自ら就業し，財・サービスの生産活動をしているものを指す。たとえば，農機具や漁具・船舶などを生産手段として所有する生産者がその例の一つである。次いで，数式の右辺第2項の家族従業者とは，自営業主の家族で，その自営業主の営む事業に無給で従事している者を指す。最後に，雇用者とは，会社，団体，官公庁または自営業主や個人家庭に雇われて給与・賃金を得ている者および会社，団体の役員を指す。このように，雇用者とは，会社役員から労働者，公務員と幅広い内容を含む呼称である。だが，本文では，日本経済の高度成長期において，民間企業等で就業していた労働者の量的な変化を捉えるために，会社役員を含んでしまう等の統計上の限界はあるが，大多数の数値としてこの雇用者数の推移をみていく。

　高度成長期の1955年から1970年にかけては，表6.2からもわかるように，経済成長率が年平均10%前後ほどで増大していた。高度成長期は，この旺盛な労働需要とそれを支えた労働供給によって継続してきたわけである。加えて，表6.2に示していた1955年から1970年にかけての就業者数の増大の内訳の多くが，雇用者によって支えられていたことが明らかになった。その後の1970年から1975年にかけての調整期では，就業者の年変化率が急速に低下し，年0.5%の変化率にとどまった。このことが，高度成長期の終焉の一つの側面を表している。次いで，この就業者の増減の内訳をみていく。

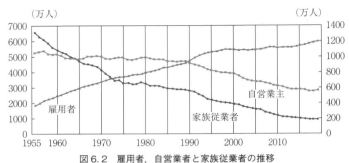

図 6.2　雇用者，自営業者と家族従業者の推移

（資料）：総務省統計局「労働力調査長期統計（従業上の地位別就業者数（自営業主，家族従業者，雇用者など））」。

（注）：雇用者数は左軸に表示。自営業主数と家族従業者数は右軸に表示。

　図 6.2 は，1955 年から 2018 年にかけての雇用者，自営業主，家族従業者の推移[9]をみたものである。この雇用者の期間別の年変化率の推移は，1955 年以降，ゆるやかな増大であった。ただし，1955 年からの 10 年間に視点を再び転じると，5.92%（1955 年〜1960 年），次いで 3.95%（1960 年〜1965 年）と大幅に増大していた。この増大を支えたのは，労働市場に参入した新規卒業生であり，自営業者（自営業主＋家族従業者）から転出した人たちであった。特に，家族従業者の減少は 1975 年まで継続しており，特に，1970 年から 1975 年にかけての減少は，−4.84% と雇用者数の成長率を上回るものであった。本章では，高度成長期の終焉の原因は，当時の経済成長に必要な労働供給が十分になされなくなったためであるという結論を得たが，雇用者の増大を支える家族従業者からの転出も限界を迎えていたのである。家族従業者は主に 1970 年代までの転出が目立っていたが，自営業主から労働者への転出は，1980 年代以降に顕著になったと推定できる。それに加えて，当時の日本経済の経済成長が，三大都市圏に代表される大都市圏[10]に立地した製造業の生産活動の拡大であったことはよく知られている。さきほどみた雇用者の増大はその一端を示すものであった。さらに，この雇用者の増大は，非大都市圏から大都市圏への人口移動[11]によってももたらされていた。この地方からの労働者や人口の流出は地域の衰退を引き起こし[12]，一方で，人口や労働者が流入した都市では住宅不足や保育所・小学校等の不足に代表される過密化の問題が生じていた。

6.5　人口減少下での課題

　本章では，戦後まもない 1955 年以降の日本経済の成長の要因について検討してきた。そこで，日本の需要面からみた経済構造の特徴を検討した。それは言い換えると，高度成長前後で生産された財・サービスの中身と需要先を検討することでもあった。この検討の中で明らかになった諸点は以下である。第一に，戦後の日本経済の需要面からの特徴は，1955 年から 15 年間と長期にわたる旺盛な消費と投資による年率 10% 近い高度成長の実現であった。労働者の消費は大きく増大し，同時に，投資も累積的に増大していた。第二に，高度成長以後の財・サービスの生産が，次第にグローバル化の進展の影響を受けていたことも大きな特徴であった。この影響とは，まず，日本経済での生産活動において，販売先を徐々に海外に振り分けていくようになることである。この輸出面からみたグローバル化の進展は，1970 年以降の構造調整期と 1980 年代以降の低成長期と重なっている。そして，1980 年代からの輸入の増大を挙げることができる。つまり，日本経済の消費活動の一部は，海外の生産活動によって支えられるようになったわけである。加えて，2010 年以降，低成長でもあるにもかかわらず，日本経済の生産活動は投資と輸出に特化した構造に変化していた。それでは，今後，もう一つの最終需要項目の消費は十分であるのか。この点の詳細の検討は，第 10 章で，人口減少や高齢化が進む 2040 年を対象に，社会全体での消費に関するニーズや需要を取り上げていく。

　後半の節では，労働者と就業者の増大やその後の減少について取り上げた。戦後の日本経済の成長，とりわけ高度成長の時期は，労働者が増大した時期でもあった。しかし，経済システムの維持や社会構成員の生活の向上を考慮すると，この時期に生じていたことには，いくつかの課題があると考える。それは，人口増と共に労働者の移動を伴う場合の経済成長の際に生じる過疎化と過密化とはコインの裏表の関係にあり，第 5 章でもみたようにこの時代の経済成長には光と影の両面を持っていた点である。この過疎化と過密化の問題は，第 2 章で紹介した日本の急激な出生率の低下の問題と関連する。地域別にみた出生率では，非常に大きな差異が存在することを第 2 章では指摘していた。すなわち，東京都のような大都市圏では出生率が低位であり，非大都市圏では出生率が高

位であった点である。

　以上から見えてきたことは，いくつかの矛盾や今後議論すべき課題でもある。経済成長や，経済そのものを支え経済システムの維持をするための前提条件が，潤沢な労働力人口の存在であることは理解できた。一方で，就業者と労働者の増大（出現），より広くは人口と出生という人間そのものの本来の営みに関連する事項は，従来，経済システムの分析枠組みから外され，与件とされていた。人口減少を迎えた日本社会の分析にあたっては，急激な経済成長や人口と出生との関係が，今後議論されるべき学術的な主題であることは疑いようがない。そこで，第 10 章では，経済成長を前面に出した分析ではなく，人口減少下で，人間社会を維持していくうえで必要な活動とは何か？　何を生産すべきか？またそれは人口減少という厳しい制約条件のもとでも可能なのか？　この点について検討していく。以上，企業活動を中心とした経済活動の全体を需要（支出）面と供給（生産）面から考察したが，次章では活動の成果の分配面をみることにしよう。

推薦図書

- 武田晴人『**高度成長：シリーズ日本近現代史（岩波新書）**』岩波書店，2008 年

　本章で紹介した経済成長の要因の背後には，人々の生活，政治の仕組み，外交，国際関係などが背後にある。同書では，それら諸点を余すことなく整理している。

- 保母武彦『**日本の農山村をどう再生するか（岩波現代文庫）**』岩波書店，2013 年

　本章で全面的に取り上げることができなかった過疎地域の再生のための方策や戦後からの歴史が丁寧にまとめられている。

注

1) 菊本義治・佐藤真人・中谷武・佐藤良一（1999）『マクロ経済学』勁草書房，第3章3-5および3-6（pp.42-45）を参照のこと。同書では，新投資需要（本書では投資）が決まると，国民所得（本書ではGDP）と雇用量が決まると記述されている。本文のケースでは，労働者の貯蓄は考慮していない。また，第5章5-6（pp.74-75）も参照のこと。

2) 企業が投資支出を判断する重要な基準である利潤は，単なる利潤の水準ではなく，売上高利潤率（売上高に対する利潤の割合），ないしは資本利潤率（資本ストックに対する利潤の割合）と考えるのが自然であろうが，ここでは単に利潤と表現している。また，注1）の文献の第13章13-2（p.211）も参照のこと。上述の内容は，投資の二重性とよばれている。

3) 注1）の文献，第13章13-2（pp.211-217）を参照のこと。上述の内容は，成長経路の不安定性とよばれている。より正確には，投資ではなく，既存の設備量（資本ストック）で投資を除した資本蓄積率で議論されている。

4) 置塩信雄（1967）『蓄積論』筑摩書房，pp.195-201を参照のこと。

5) 生産過程では，当然のことながら原材料の使用を必要とするが，議論を平易なものとするため，ここでは原材料については考えていない。

6) 資本Kの限界生産力説，労働Nの限界生産力説を前提とすると，（3）式から

$$\frac{賃金所得＋利潤}{総所得} = \frac{賃金所得}{総所得} + \frac{利潤}{総所得} = 労働分配率＋資本分配率 = 1$$

7) 詳しくは，コラム「技術進歩率の推定」または斎藤光雄（1991）『国民経済計算』創文社，pp.189-194参照。

8) ただし，ここでの計算は，資本の質および労働の質の違いは考慮していないことに注意が必要である。そのため，これらの要素は，技術変化率の中に含まれることになる。

9) 雇用者のうちの労働者が，自営業（自営業主と家族従業者）に代わって主流となる社会となることの意味やその時期区分については，野村正實（2016）「高度成長期における会社・自営業・学歴主義」『社会政策』第8巻第1号の特にpp.71-72を参照のこと。

10) ここでいう大都市圏だが，伊藤達也（1984）「年齢構造の変化と家族構造からみた戦後の人口移動の推移」『人口問題研究』第172号が用いた分類法（地域移動類型）に準拠している。この伊藤が用いた大都市圏の分類では，「東京都，神奈川県，千葉県，埼玉県からなる東京大都市圏，愛知県，三重県，岐阜県からなる中京大都市圏，および大阪府，京都府，兵庫県からなる阪神大都市圏としそれ以外の道県を非大都市圏としてい」た。以上の分類は，伊藤（1984）の脚注1を参照のこと。なお，伊藤（1984）では，岡崎陽一・須田トミ（1969）「戦後人口移動の動向」『人口問題研究』第109号から，この地域移動類型を引用したとある。

11) 先述の伊藤（1984）では，当時の総理府統計局がまとめた「人口移動報告年報」を用いて試算した人口千人あたりの移動件数を，移動率と定義している。伊藤の図1によれば，この移動率のピークは，1965年から1973年にかけての約8%であった。その後は，1950年代の移動率の水準に低下する。次いで，伊藤（1984）の図2には，地域間の人口移動パターンが記されており，非大都市圏と大都市圏とに地域を二つに分割している。1955年から1965年にかけて，もっとも多い移動パターンは，非大都市圏から大都市圏への移動であった。いわゆる農村から都市への移動をイメージすることができる。ところが，その後1966年以降は，郊外への住宅移動を中心とする大都市圏内の移動が主流となる。

12) 高度成長以降の過疎地域での経済社会の維持や課題について論じたものに，保母武彦（1996）『内発的発展論と日本の農山村』岩波書店がある。

第7章
生産活動の成果と分配

　本章では，日本型経営方式の特徴と変化を概観し，それが成果の分配にどのように反映されてきたかを検討する。その議論の前提として，まず日本企業，とりわけ株式会社の特徴を考察することにしよう。

7.1　生産活動主体としての企業

　第3〜5章では，家計，企業，政府，海外という経済主体に分けた国民経済の流れの中で，以下の一定期間（たとえば1年間）にどのような経済活動の成果が生まれるかを見てきた。その一つの指標として，国内総生産（GDP）が挙げられ，GDP は大きくは労働の成果としての賃金（雇用者報酬）と利潤（営業余剰）に分けられることを把握した。生産活動の実態からみると，2018年度の GDP 548 兆円のうち民間企業の活動によるものが 411 兆円を占め，生産活動の主流をなしている。農業・漁業などを営む個人業主も企業活動を行う主体として位置づけられる。ただし，統計上，生産活動として計上されるのは，市場価格で評価されるものに限定される。たとえば，夫婦共働きで，子どもを保育所に預けると，そこでの保育サービスは生産活動として評価されるが，自宅で両親が孫の面倒を見る，あるいは夫婦のどちらかが家庭内で行う保育は，統計上は生産活動としては評価されない。生産活動として区別されるのは，何らかの形で市場評価が可能な活動に限定される。以下では生産活動主体としての企業の特徴を検討することにしよう。

7.1.1 日本企業の組織形態

　表7.1は，2016年の日本企業の現況を組織別に示したものである。企業数では，個人経営（共同経営も含む）が過半数を占めているが，売上高，付加価値ではそれぞれ1.8%，4.8%を占めるにすぎず，法人組織，とりわけ会社企業が全体の85%程度を占めている。ほかは会社以外の法人[1]が，売上高，付加価値額で全体の11%程度を占めている。

　表7.2は，2016年度の法人企業の組織別法人企業数を資本金階級ごとに見たものである。法人は団体からなり人間そのものではないが，我々が人としての権利を持つのと同様に，法人にも意思決定が認められるように位置づけられている。会社の組織形態は，大きくは資金の出資者の責任が有限である株式会社，合同会社，無限責任を伴う合名会社，合資会社に分類することができる。株式会社が全体の94.3%と大半を占めている。協業会社，協同組合，相互会社，医療法人からなるその他に区分されるグループは全体の2.4%を占めている。資本金の規模別では，1000万円以下の小規模会社が全体の85%超を占めている。資本金規模が10億円を超える会社は全体の0.2%に過ぎないが，このうち株式会社の比率が全体の90%を超えている。

表7.1　経営組織別企業数，売上高および付加価値額

経営組織	企業等数（千社）	合計に占める割合（%）	売上高（兆円）	合計に占める割合（%）	付加価値額（兆円）	合計に占める割合（%）
合計	3,856	100.0	1,624.7	100.0	289.5	100.0
法人	1,877	48.7	1,595.3	98.2	277.1	95.7
会社企業	1,629	42.2	1,402.4	86.3	244.2	84.3
会社以外の法人	248	6.4	192.9	11.9	32.9	11.4
個人経営	1,979	51.3	29.4	1.8	12.4	4.3

（資料）経済産業省「2016年経済センサス活動調査（確報）」p.5より。

7.1.2 日本の会社組織

　会社の意思決定のあり方は，会社の規模，組織形態によっても異なる。出資

表7.2　組織別・資本金階級別法人数

区分 （組織別）	1000万円 以下 （社）	1000万円超 1億円以下 （社）	1億円超 10億円以下 （社）	10億円超 （社）	合計 （社）	構成比 （％）
株式会社	2,162,354	337,015	15,829	5,625	2,520,823	94.3
合名会社	3,616	174	3	1	3,794	0.2
合資会社	16,459	581	—	2	17,042	0.6
合同会社	65,444	500	86	15	66,045	2.5
その他	46,162	16,842	793	532	64,329	2.4
合計 構成比	2,294,035 (85.9)	355,112 (13.3)	16,711 (0.6)	6,175 (0.2)	2,672,033 (100)	100.0

（資料）国税庁「2016年度会社標本調査結果（概要）」p.14より。

者が公的機関の場合は，その公的機関の意向が反映される。公的企業でない私企業の場合でも，営利を目的としない生協，農協，漁協などの協同組合や相互会社などでは，営利を目的とする企業の場合とは意思決定のありようが異なってくるであろう。出資者の責任が有限な株式会社の場合は，後に述べるように役員の選任などの最終的な意思決定は出資者からなる株主総会によってなされるのに対して，合同会社は一部の社員のみによる意思決定が行われる。また，無限責任を有する二つの会社形態のうち，合名会社は全ての構成員が無限の責任を負うが，合資会社は無限責任社員と有限責任社員から構成され，責任の度合いによって意思決定のあり方が異なってくる。表7.2にも見たように，日本の会社組織の大半は株式会社の形態であるが，近年，株主の意向にとらわれず長期的な視野から新しい商品の開発ができるような自由度を持つ合同会社の比重が徐々に高まりつつある。たとえばアメリカのアップル社や日本の西友なども合同会社の形態をとっている。

(1)　企業の事業活動の継続可能性

　どのような企業であれ，企業が存続するために満たさなければならない条件が存在する。図7.1は，マルクスの経済循環図式をもとに作成した企業の存続条件を示したものである。まず，生産者が生産した商品が消費者のニーズに応え，かつ満足いく価格で販売されることが必要不可欠であることはいうまでもない（vのプロセス）。満足のいく価格とは，生産コストを上回る価格での販

図 7.1 マルクスの経済循環図式

売を意味する。創業，あるいは新しい開発商品を始めた企業では，生産コストを下回る価格でしか販売できず，一定期間は赤字状態が続くかもしれないが，後に黒字に転換できる目処が必要となる。そのためには，資金が確保され（ⅰ），生産が順調に行われるための労働力・生産手段（原材料，機械設備）が滞りなく調達される（ⅱ，ⅲ）ことが前提条件となる。特に，国内外の厳しい競争下にある企業組織では，新しい商品を開発するための継続的かつ一定規模の資金と従業員の確保ができなければ事業活動の継続は困難である。近年，たびたび報道されるような大企業の生産過程における事故・不祥事は，企業の事業活動の継続を困難にする。事業活動の透明性をはじめとしたリスクマネジメントも極めて重要になってきている（ⅳ）。

　企業の継続的な存続のためには，企業の意思決定のあり方は極めて重要である。以下では，企業の意思決定方式を主として株式会社を念頭において考察することにしよう。

（2）　企業の意思決定

　企業活動による生産物や商品，および蓄積した資本をどのように処分するかという意思決定のレベルは，当然のことながら従業員全員が対等の立場にあるわけではなく，仕事の経験，個々人の責任の所在によって規定される。図7.2は，会社組織における意思決定の階層の一例を示したものである。

　全般経営者と呼ばれる会長・社長をはじめとする取締役会が経営政策の発案を行い，株主総会で最終的な決定が行われる。株主総会で決定された経営方針は，中間管理職レベルで政策遂行のための管理が行われ，現場の従業員レベルで政策の実施が遂行される。かつて大企業の取締役は，そのほとんどが企業内部の役員で占められ，株主の意向は反映されず，年に一度の株主総会も短時間で終了するという常態であった。しかしながら，1980年代後半以降の企業における多大な損失，それに付随する企業内の不祥事が明るみにでるにつれて，

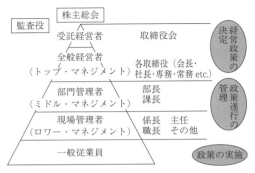

図7.2　企業の階層組織

(資料) 吉村典久ほか (2017)『企業統治』中央経済社,
p.30 図表1-5 から抜粋。

国内外からは企業トップの意思決定が適切に行われているかの監視を強化すべきという意見が強くなった。日本取締役協会は 2013 年 10 月に「臨時国会に向けた意見書～複数独立取締役選任の義務化について」を提出し, 取締役会の構成の過半数は外部の取締役が望ましく, 少なくとも企業利害とは独立した取締役が複数選任されるべきだという提言を行っている[2]。

(3) 企業の利害関係者

　ステークホルダーともいわれる, 企業の事業活動に関わる利害関係者は, 従業員や株主にとどまらず, 図7.3 に示されるように多様である。政府・地方自治体は, 一見すると民間企業の活動とは無関係のように思えるが, それぞれの事業所の立地に関わる手続き, 道路・港湾の整備, あるいは工場誘致のための税制等の様々な優遇措置を行うことがある。そのような政府・自治体の支出は, 住民からの税金によって成り立っている。そのため, 自社が生産した製品が消費者の健康等を害するものでないか, 生産活動によって地域で暮らす住民の生活や健康に影響がでないか否かも, 企業が留意すべき重要な点でもある。また, あるひとつの企業の生産活動に支障が生じると, 取引関係にある企業にも影響を及ぼす。このような利害関係者の立場を考慮した生産活動は, 企業が果たすべき社会的責任として強く問われている。

　それでは, 日本企業の経営の特徴はどのようなものだろうか?

図7.3 多様なステークホルダー
（資料）手塚公登ほか（2010）『経営学再入門』同友館，p. 13

7.2 日本の経営方式の特徴

　戦後の日本型経営方式は，大きくは労働者を管理する経営管理方式と企業グループ間取引の二つに特徴付けられている。このような企業の経営方式は，その出発点を戦前に見ることもできる。しかし，1980年代後半の異常な株価・土地価格高騰に伴うバブル崩壊後の1990年代以降，経営方式は大きく変化した。

7.2.1 1990年以前までの日本型経営方式

（1）経営管理方式

　日本の経営管理方式は，戦後の激しい労働争議の中で，経営者が労使（労働者側と使用者側）協調によって安定的な雇用関係を維持する目的で，いくつかの主要な企業が積極的に導入したことが発端とされている[3]。この方式は，次のような制度をもつことが特徴である。

　i）終身雇用制（企業内教育訓練）：大学進学率が10％にも満たない1960年代の高度成長期には，地方出身者を中心とする中学や高校卒の若年労働力が大都市の工場における企業の貴重な労働力とされた。特に，中学卒の労働者は，「金の卵」とも称された。その多くの労働者は，終身雇用制と呼ばれる制度のもとに同一企業内で定年（通常は男性60歳，女性50歳）まで勤務することが

期待された。企業によって差異はあるものの，新卒の労働者は年配の労働者と同様な仕事を任されるのではなく，一定期間企業内部での教育訓練が実施されていた。実際には，定年まで同一企業に勤める，いわゆる正規労働者ばかりではなく，季節ごとに他の仕事に従事する一次産業の個人事業業主や建設現場での単発的な仕事など非正規の労働者の比率も高かったが，次第に正規労働者の比率が高まり，1970年代にピークを迎える。

　ⅱ）年功序列制：新卒の労働者は直ちに一人前の仕事に従事できるわけではないので，当初の給与水準は低く（初任給制度），勤続年数に応じて給与が定期的に上昇する年功賃金制度と賞与（ボーナス）制度が採用されていた。また，定年制度に伴い，勤続年数に応じて支払われる退職金制度は，従業員が他社に移動することもなく自社に長期間定着し働けるようにする意味合いも持っていた。さらに，大企業を中心に社宅，保養所，医療施設，企業年金などの企業内福祉制度も導入された。しかし，この終身雇用制度は，1973年の第一次石油ショック以降，企業による減量経営の遂行とともに徐々に変化し始める。

　ⅲ）企業別組合，経営管理方法：欧米の組合が産業別組合であるのに対して，日本の組合は経営者の意向を反映して企業別組合の形態をとっていた。また，労働生産性向上を目指して，日本的職能給資格制度による職能能力給を考慮した賃金体系の修正が1960年代に行われている。そのための経営管理方法として，アメリカの品質管理（QC，TQC）方式を日本の実情に合わせて修正し導入した。トヨタによるジャストインタイム方式はその典型的なものである。

(2)　旧財閥系を中心とした企業グループ

　第二次世界大戦以前は，三菱，三井，住友，安田，古河などの同族会社からなる財閥グループが主要な経済活動のかなりの部分を占めていた。戦後アメリカの占領統治機構（GHQ）は，これら財閥が旧日本軍の戦争遂行に積極的な役割を果たしたとみなし，1945年に財閥解体を実施した。GHQの指導により策定された独占禁止法は金融・保険会社が他企業のメンバー企業（旧財閥系企業）の株式保有を禁止していたが，1950年に緩和措置がとられ以下のことが可能となった。

　ⅰ）相互の株の持ち合い：解体されていたかつての財閥系の企業同士が相互に株を持ち合うことによって密接な企業関係，すなわち企業グループを形成し

た[4]。また，この株の持ち合いは，第三者からの買収を防止する手段としても有効に作用した。

ⅱ）同一企業グループのメインバンクからの多額の借り入れ：たとえば，三菱グループであれば，三菱銀行をメインバンクとし，グループ内の企業（三菱重工，三菱商事など）に対して長期的かつ安定的な資金供給を可能とした。当時の日本では，株式市場は発達しておらず，企業が株式を発行して多額の資金を調達すること（直接金融）は極めて困難であったので，メインバンクからの借り入れを行ういわゆる間接金融に依存せざるを得なかった。このような企業グループは，銀行などの金融機関を中心として形成され，グループ内企業が設備投資などに伴う多額の資金を調達することを容易にして関係企業の成長に大きな役割を果たした。

ⅲ）系列的取引（重層的部品供給構造）：これは自動車や家庭電気機器産業などの日本の組み立て産業に典型的に見られるものである。組み立て親メーカーのもとに第一次，第二次，第三次のように垂直的な分業の部品供給構造が組織化され，仕事を外部に委託するアウトソーシングが形成されている。この関係は，1950〜1970年代に形成されたといわれる。1970年代の日本の組立完成品メーカーの部品内製比率は25〜30％，それに対してアメリカは45〜50％となっており，日本の組立メーカーの大半は，下請けなどの外注比率が高かった。親企業と下請け企業には力関係があり，下位の下請けになるほど零細で経営基盤が弱く，安い価格で仕事を請け負わざるを得ない。それとは対照的に，親企業はコストをおさえた生産が可能となった。このような系列取引の存在によって，日本の主要な輸出産業の国際競争力は高まった。

7.2.2　1990年代以降の日本型経営方式の変化

（1）　バブルの崩壊と長期不況

1970年代の2度にわたる石油危機に伴う調整過程を経て，1980年代の日本の経済成長率は3〜4％と安定しており，他の欧米諸国と比較しても高く，かつ物価も安定していた。そのような相対的に堅調な日本経済を背景に，日本型経営方式は，1980年代まではアメリカでは絶賛された。しかし，1990年代以降，評価は大きく変化する。

　ⅰ）バブルの崩壊による銀行の倒産と再編：1990 年の金利引き上げによる政府の強力な貸し出し規制は，低金利で資金調達をしてきた不動産業者の借入コストを大幅に増加させた。その結果，不動産業者が自社で保有していた不動産や土地を売却せざるを得ず，不動産価格の急速な低下を招いた（いわゆるバブルの崩壊）。同時に株式価格も大幅に下落した。不動産業者に貸し付けを行っていた金融機関（住宅専門金融公庫）が多額の回収不可能な債券（請求権）を保有（債権が不良化）していたため，企業・金融機関の倒産を引き起こした。生き残った金融機関も経営の改善が長期間不可能となり，店舗の閉鎖，合併などの再編が進んだ。特に，旧財閥系の企業グループ間のメインバンク同士の合併によるメガバンクが形成され，旧財閥系企業グループ関係も弱まった。

　ⅱ）企業行動の変化と雇用の規制緩和：1980 年代以前は，主要大企業も企業グループなどのメインバンクを通じて事業活動資金を調達していたが，次第に株式発行などの直接金融に比重が高まってきた。また，1980 年より数回にわたる外国為替管理法の改正により，海外からの株式保有も容易となり，株の所有比率が国内から海外へシフトし，国内の企業グループの株の相互持合いは著しく減少した。

　1990 年代は，新規求人の大幅な削減とともに，本格的な雇用整理がすすめられ，雇用形態も正規雇用から非正規雇用へと変化し始める。このような雇用の流動化の背景には，労働市場の規制緩和がある。たとえば以前は禁止されていた派遣労働が 1985 年に解禁となった。当初は，16 部門に限定されていたが，1999 年に緩和され，港湾・建設・警備を除き原則自由化された。さらに，2004 年には，3 業務にも派遣労働が認められ，派遣期間は 26 の業務で無制限となり，一般業務は派遣期間が 1 年から 3 年に延長された。正規労働者についても，2019 年開始の高度プロフェッショナル制度により，労働時間を定めずに成果によって賃金を決定する方式が導入され雇用の流動化は一層進んでいる。

　このような日本型経営管理方式の変化が，企業の成果の配分方式にどのような影響を及ぼしたかを次に見ていくことにしよう。

7.3 日本の経営方式と成果の配分の変化

7.3.1 日本の所得分配の推移と格差の拡大

(1) 企業利益と株主配当

図 7.4 は，所有者別株式所有比率の推移を 1986 年から示したものである。1980 年代後半には，金融機関の株式全体に占める比率は 50% 近くまであったが，その後持ち株比率は 25% 前後までに低下している。個人の持ち株比率は，2000 年代前半に一時的に 50% 近くまで上昇したものの，その後 20% 程度に低下している。それに対して，外国法人は 1980 年代までは 5% に満たなかったのが，次第に比率を上げ，現在は 30% 近くまでになっている。

このような，投資会社をはじめとする外国人投資家による株式購入の増加は，株主の発言力を高め，配当の増加につながっていると考えることができる。図 7.5 は，資本金 10 億円以上の大企業の経常利益，株主への配当，従業員給与の推移について 1991 年を 100 として示したものである。一点鎖線の企業の経常利益は四半世紀の間でおよそ 2 倍以上になっているが，破線で示されている従業員給与総額は，ほとんど変化がない。それに対して，株主への配当は，2008 年の世界金融危機以降に一時低下したものの，全体の傾向としては上昇し，2017 年時点では 1991 年の 6 倍に達している。

図 7.5 で見られた株主配分の増加と賃金抑制は，1990 年代後半以降の日本の財界とアメリカ政府による企業法制の規制緩和が大きく影響している。日本の経済界は 1990 年代に顕著となった過剰設備，過剰雇用，過剰借り入れの整理の必要性を強調した。そのために，商法の改正，税制の手当て，遊休地の活用・流動化，流動的な雇用の確保を提案した。一方，アメリカ政府は当時急激に増加した対日貿易赤字を理由に，日本での市場開放を要求しはじめた。特に，アメリカ企業は参入のための規制緩和，経営の透明性と説明責任の改善，税制の改善，M&A（Merger and Acquisition），反トラスト・競争政策等を強調し，自国の主要企業のビジネス拡大を日本政府に求めた。その結果は外国人投資家の増加を導くことになり，1990 年代以降の株主配当重視，賃金抑制の傾向につながっていると思われる。また，柴田（2016)[5]は，2001 年から 2006 年まで

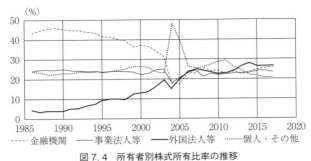

図7.4　所有者別株式所有比率の推移

（資料）東京証券取引所「2017年度株式分布状況調査結果の概要」

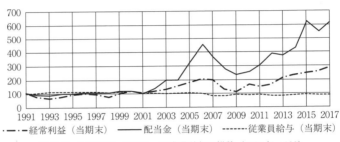

図7.5　経常利益・配当金・従業員給与の推移（1991年＝100）

（資料）財務省「法人企業統計調査2017年版」

の業種別の外国人持ち株比率と従業員の給与上昇率との関係を調べたところ，外国人持ち株比率が高い業種は従業員賃金伸び率／配当伸び率が低く，両者には負の相関関係があることを明らかにしている。すなわち，外国人投資家が多くの株式を保有している企業ほど，株主配当に重点がおかれ，従業員の給与（賃金）が抑制される傾向にあるということになる。この背景としては，企業戦略として，利益を株主配当に優先させることにより，外国人投資家を呼び込み，株価の上昇を意図したものと考えることができる。

(2)　国民生活と所得格差の拡大

　ⅰ）所得格差と消費動向：1990年代以降の従業員の給与を抑えることができたのは，先に述べたように，雇用の流動化により，正規雇用を抑制し非正規雇用を拡大したことによる。厚生労働省「賃金構造基本統計調査」（2018）によれば，1989年の非正規雇用が全体の雇用に占める比率は19.1％であったの

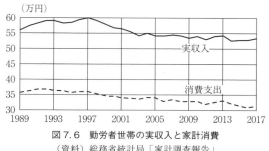

図7.6　勤労者世帯の実収入と家計消費
（資料）総務省統計局「家計調査報告」

が，2017年には37.3%にまで拡大している（総数は2036万人）。非正規雇用のうち，パートが半数近くの48%，アルバイトが20%割を占めており，不安定雇用が拡大している。正規・非正規雇用の実態は，給与の差として歴然として現れてくる。同じく厚生労働省のデータでは，2018年6月時点での正社員ならびに正社員以外（一般労働者と短時間労働者）の年齢別1時間単位の賃金が明らかにされている。それによれば，19歳以下の労働者では正社員ならびに一般労働者と短時間労働者の賃金は，それぞれ1067円，980円，980円と格差はあるものの，それほど顕著ではない。しかし高年齢になるに従ってその格差は広がり，50〜54歳では2424円，1269円，1126円と一般労働者と短時間労働者の時間賃金は，正社員の半分にまで拡大する。そのうえ，非正規雇用労働者の各種の社会保険制度（雇用保険，健康保険，厚生年金）等の加入割合は，正社員と比較すると，著しく低い。また，退職金制度，賞与（ボーナス）は，80%の正社員で保障されているのに対して，非正規雇用の場合は，それぞれ社員の9%，30%にしか保障されていない。

　その結果，世帯別の平均所得水準および消費水準は，図7.6に示すように規制緩和が実施された1990年代後半より低下傾向を示している。特に，高齢者世帯の所得減少が著しい。所得水準の低下は，消費の低下をもたらすことになる。このような所得水準の低下は国民全体にどのような影響を及ぼしたのだろうか？

　ii）所得水準低下と貧困：国際連合や世界銀行などの国際機関は，貧困状態を，1日一人当たりの収入が1ドル，ないしは2ドルであることを目安としている。この値は1日当たりの必要最低限の生活水準（必要最低限のカロリー・

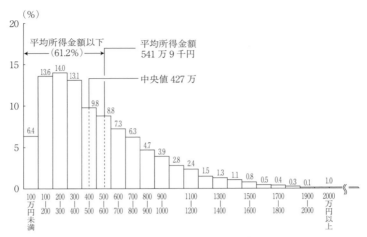

図 7.7　所得金額階級別世帯数の相対度数分布
2015 年（平成 27 年）調査。（資料）総務省統計局「家計調査年報」

栄養のある食事＋生活必需品の金額）をお金に換算して定義したものである。
特に，この指標は発展途上国の人々の生活困難度を示す場合に用いられる。仮
に，1 日一人当たり 2 ドルが最低限の生活水準とした場合，4 人家族だと 1 日
8 ドル，1 ヶ月 30 日では 240 ドルとなる。日本円を 1 ドル 110 円で換算すると，
1 ヶ月の 4 人家族の生活費は 26400 円となるが，この数値を日本の生活にあて
はめるとどうであろうか？　恐らく，この金額では下宿をしている学生諸君の
1 ヶ月の住居費にもならないであろう。もちろん，いくら発展途上国であれ，
240 ドルの数値は最低限のレベルである。また，市場経済が一般的でない地域
では，自家生産の食料も多くあるので，状況は先進諸国とは異なる。このよう
な 1 日 2 ドル以下の水準を絶対的貧困と呼び，その国の 1 日一人当たりの収入
平均が上記の基準以下の層が全体に占める比率が極めて高いと，最貧国とみな
される。発展途上国では，いかにこの水準を引き上げるかが課題となっている。
　ところで，日本の世帯あたりの平均所得は，図 7.7 に示されるように 2015
年時点で年約 542 万円で，1990 年以降減少しているとはいえ，1 ヶ月当たりに
換算しても約 45 万円であるから，先の絶対的貧困のレベルからしてもこの額
は十分すぎるように見える。しかし，総世帯年収平均 542 万円は，全ての世帯
に平等に配分されているわけでなく，同図でわかるように，その所得分布は左

に偏った形となり，平均収入以下の世帯は 61.2% にのぼっている。

　全体の値を小さい順に並べたとき中央に位置する値を中央値と呼ぶが，図によると日本の半分の世帯が 427 万円以下で生活していることになる。このように，仮にその国の一人当たりの平均収入が最貧国レベルでなくとも，所得がどのように分配されているかによって，人々の生活状況は大きく異なってくる。もし，所得の大部分をごく一部の富裕層が保有していたならば，他の大部分の人々は貧しいままである。むしろ，収入がある一定の水準以下の人口が何パーセントを占めているかを見る指標のほうが望ましいかもしれない。その一つの指標として相対的貧困率があり，これは中央値の半分以下で生活している世帯の割合で示される。

　日本では，発展途上国が直面するような貧困状態が存在することはごくまれであろうが，貧困国と同じ金額の収入で生活していけるかというとそうではない。衣食住をはじめ，そのときどきの一定の文化的社会的水準を確保するためにも，その時代に応じた収入の確保は必要である。先に述べた相対的貧困の基準となる中央値の半額は，213.5 万円（月平均 17.8 万円）となる。しかし，月 17.8 万円がそのまま，その世帯が自由に処分できる額ではなく，ここから国税，住民税，社会保険の支払いが必要となる。図 7.7 からもわかるように，年収 200 万円以下の相対的貧困層は全世帯の 20% を記録し，日本においてもかなりの層が生活困難な状況にあることも確認できる。2015 年時点の日本の相対的貧困率[6]は OECD 加盟 34 カ国のうち 26 位に位置する。厚生労働省「国民生活基礎調査」によれば，相対的貧困率は 1991 年時点では 13.5% であったのが，2015 年では 15.6% と徐々にではあるが上昇傾向にある。日本は世界でも有数の豊かな国であるといわれているが，先進諸国の中では豊かであるとはいえない。特に，片親しかいない子供のいる家庭の貧困率は厚生労働省の調査では 2014 年時点で 50% を超えており，極めて深刻であるといわざるを得ない。

(3) 所得分配と所得格差の拡大

　経済活動の成果である付加価値は，大きくは，労働に配分される部分（労働分配率）と資本に配分される部分（資本分配率）に分けられる。すでに図 7.4，図 7.5 でも見てきたように，外国人投資家の比率の増大は，企業の収益のより多くの部分を配当に回すように作用した。

　総務省の「家計調査」は，どのような形態で貯蓄を行っているかを図 7.7 と同様の階層別で調査したものである。これによると貯蓄額が 200 万円以下の層は，その 50% 以上を通貨性預金（普通預金）で保有し，貯蓄階層が高くなるにつれて預金の占める比率は減少し，株などの有価証券比率が高まる。3000 万円以上の層になると有価証券の比率が 20% を占めている。ここで図 7.5 でみた配当金の上昇に話がつながる。図 7.5 の資本金 10 億円以上の企業にあらわれているように，企業収益は 1995 年以降上下の変動をしながらも，傾向的に上昇しているのに対して，従業員の給与総額は，経済の変動にもかかわらず横ばい状態を続けている。主要国の労働分配率は 1990 年代以降減少傾向にあるが，減少の程度は日本の場合が顕著であり，先の図 7.4 で見たように，企業の収益の分配を株主に手厚くしたことにも関係している。

　このような所得の分配の変化は，図 7.7 にも見られたように家計所得の不平等にもあらわれてくる。不平等をあらわす指標として一般にジニー係数がよく用いられる。この係数は，0 から 1 の間の値をとり，0 に近ければその社会は所得をほぼ完全な形で平等に分配しており，1 に近ければ，ごく一部の層が所得を独占している極めて不平等な社会を示している（ジニー係数の推計方法については章末のコラムを参照）。

　1980 年代の日本は，他の諸国と比較して所得が比較的平等に分配されてきたといえるが，その後，ジニー係数は他の諸国と同様に上昇を続け，その差は近年縮小している。どの指標をとるかによって，評価は違ってくるが，厚生労働省のデータを用いれば，4 カ国（日・独・仏・英）の中ではもっとも不平等な国となっている[7]。社会保険料と社会保障を調整すると各国のジニー係数は下がるものの，日本は依然として不平等な状況であることには変わりがない。

　以上，1990 年代以降の国内における規制緩和は外国人投資家の株式保有の増加をもたらした。日本企業は，海外の投資家を呼び込み，自社発行の株式価格上昇を通じて企業価値を高めようとした。外国人投資家の資金をつなぎとめておくためには，配当増加が必要となる。しかし，企業利益が一定のもとでは他の費用項目の圧縮を行わなければならず，結果として労働費用の削減が長期にわたって実施された。労働費用の抑制は，賃金水準の低い非正規雇用を増やすことで可能となった。

　2000 年代になると，日本企業の取締役報酬が欧米企業に比較して低いことが問題視され，近年は主要上場企業の取締役の中には，10 億円を上回る報酬を得ている役員も出てきた（2017 年度）。特に急成長を遂げている大手企業の中には特定の役員に高報酬を提示しているところもある。しかし，第 9 章でも検討するように，大手企業の中には，様々な法人税課税軽減の恩恵を受けているだけでなく，税率の低い海外へ収益を移し，税を回避しているケースがある。このように，多額の利益を得ている場合でも，それを配当・役員報酬により比重をかけて，従業員の給与を抑え続けることが今後も妥当なことといえるのだろうか？

　日本の若年人口が減少する中で非正規労働者が今後ますます増え続け，労働者間の所得格差が一層拡大するとしたら，高等教育を受けたにもかかわらず，仕事による技能の蓄積がない層の増加を招くことになり，社会全体の生産性を著しく損ねることになる。今後活躍を期待されている若者が将来に希望を持てるような社会的基盤を造ることが何よりも重要である。生産活動で得られた成果は，一体誰の貢献によるものなのか，本当に現状の配分の仕方は生産活動に従事した人々の貢献に応じたものになっているのか，成果をどのように配分するのが望ましいのかを社会全体で根本的に考えるべき時期に来ているのではないだろうか？

推薦図書

- 吉村典久ほか『企業統治』中央経済社，2017 年
　企業とは何か，企業統治（コーポレートガバナンス）とは何かについて，制度面・実態面さまざまな角度から，説明が行われている。
- 橘木俊詔『格差社会——何が問題なのか（岩波新書）』岩波書店，2006 年
　やや資料は古いが，格差の現状を資料によって検証し，不平等化が進行する日本社会の中で「格差がなぜ悪いのか」と問いかけている。
- 松岡亮二『教育格差——階層・地域・学歴（ちくま新書）』筑摩書房，2019 年
　戦後から現在までの教育格差の実態を幼児教育の段階から詳細に資料によって収入・職業・健康の格差に結び付き，緩やかな身分制社会が形成されることを解き明かしている。

ジニー係数の推計方法

　　表 7.3 は，「家計調査」に基づく 5 分位収入階級別の 1 世帯当たり世帯所得を 1963 年，1970 年，1980 年，1990 年，2000 年，2010 年，2015 年について示したものである。この表のなかでもとくに 2015 年の各階級の所得を考えてみよう。

　　家計調査の調査世帯数（2 人以上の世帯）は約 8000 世帯で，それぞれの階級の世帯数は表 7.4 の（1）欄に示されているように，ほぼ均等に 20％ ずつに割り当てられている。つまり，各階級の世帯数は，それぞれ 1600 世帯とみなすことができる。まず，各階級の所得総額は，全体の所得総額のどの程度（何％）を占めているかを確かめてみよう。各階級の所得総額は，表 7.4 の（2）欄の 1 世帯当たり所得に 1600 世帯を掛け合わせたものに等しいから，

　　所得階級 I の所得総額＝170×1600,
　　所得階級 II の所得総額＝304×1600,
　　　　　　　　　　　　　　　　⋮
　　所得階級 V の所得総額＝1071×1600

となる。また，

$$全体の所得総額 = 170×1600＋304×1600＋\cdots＋1071×1600$$
$$= 1600×（170＋304＋\cdots＋1071）$$

であるから，

$$所得階級 I の所得比率 =（170×1600）÷\{1600×（170＋304＋\cdots＋1071）\}$$
$$= 0.066$$

となり，表 7.4（3）欄にある所得階級 I の所得比率 0.079 が求められる。以下同様にして，所得階級 II 以降も（3）欄の数値のように求めることができる。

　　（1）欄と（3）欄の数値を比較すると，所得格差の状況がある程度わかるで

表 7.3　5 分位収入階級別年間所得（全国：全世帯）

所得階級　　　暦年	I	II	III	IV	V
1963	27	43	56	74	142
1970	55	87	111	141	224
1980	191	295	376	482	791
1990	271	433	570	743	1246
2000	287	457	619	825	1361
2010	171	315	440	617	1064
2015	170	304	424	608	1071

（単位：万円）（資料）総務省統計局『家計調査年報』

表 7.4 年間収入階級別所得比率の計算（例：2015 年）

所得階級	(1) 世帯割合 （％）	(2) 1 世帯当た り所得 （万円）	(3) 各階級所得 比率	(4) 累積世帯 比率 （％）	(5) 累積所得 比率 （％）
I	0.2	170	0.066	0.2	0.066
II	0.2	304	0.118	0.4	0.184
III	0.2	424	0.164	0.6	0.348
IV	0.2	608	0.236	0.8	0.584
V	0.2	1071	0.416	1.0	1.0

あろう。たとえば，所得下位 20％ の階級 I は，全体の所得の 7.9％ しか得て
いない。それに対して，所得上位 20％ の階級 V は，全体の所得の 40％ 以上
を占めている。所得格差の状況を図示するために，(1) 欄と (3) 欄の累積度
数をとってみよう。所得階級 I の累積世帯比率は 0.2（20％）のままであるが，

所得階級 II の累積世帯比率 ＝ 所得階級 I の世帯比率(0.2)
＋所得階級 II の世帯比率(0.2) ＝ 0.4

となる。所得階級 III 以降の累積世帯比率についても各所得階級の世帯比率を
重ね合わせていくと (4) 欄のようになる。
　次に，累積所得比率であるが，所得階級 I はそのままで，所得階級 II は

所得階級 I の所得比率(0.079)＋所得階級 II の所得比率(0.126) ＝ 0.205

と (5) 欄の数値が得られる。所得階級 III 以降の累積所得比率も同様に求め
ることができる。
　さて，(4) 欄の累積世帯比率を横軸に，(5) 欄の累積所得比率を縦軸にとり，
各階級を点で表し，各点を結ぶと図 7.8 に示されるような曲線を得ることが
できる。この曲線は，ローレンツ曲線と呼ばれている。
　図 7.8 の 45 度線上にローレンツ曲線が重なれば所得分配は完全に平等であ
るが，そのような状況は現実にはあり得ないだろう。所得格差の程度は，45
度線とローレンツ曲線を囲む面積の大きさ，あるいはローレンツ曲線の膨ら
みの程度によって測ることができよう。曲線の膨らみが小さく，45 度線に近
ければ近いほど所得はより平等に分配され，所得格差は比較的小さい。反対
に，曲線の膨らみが大きく 45 度線から離れれば離れるほど所得は不平等に分
配され所得格差は大きくなる。ローレンツ曲線は，不平等の状況を直感的に
捉えるのには非常に便利な指標である。それでは，この不平等の程度はどの
ようにすれば評価できるのだろうか？　ローレンツ曲線を用いた指標の一つ
として，次に検討するジニー（GINI）係数がある。
　ジニー係数は，45 度線と灰色の曲線（ローレンツ曲線）が囲む領域 A と，
ローレンツ曲線より下の領域 B を基礎にして次のように定義される。

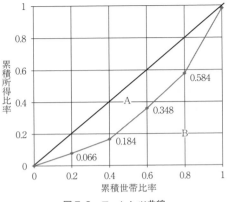

図7.8　ローレンツ曲線

$$\text{GINI} = 2A = 2 \times (1/2 - B) = 1 - 2B$$
$$0 \leqq B \leqq 1/2 \quad \text{であるから，} \quad 0 \leqq \text{GINI} \leqq 1$$

完全な平等の状態の場合は，ローレンツ曲線は 45 度線と一致するから A＝0 すなわち GINI＝0 となる。B＝0 の場合は A＝1/2，すなわち，GINI＝1 となり，完全不平等の状態をあらわす。

　ジニー係数の計算は，ローレンツ曲線の下の面積 B を計算することに帰着する。面積 B は，各世帯階層によって 5 つの領域に分けられる。第Ⅰ所得階層は，縦 0.2，横 0.066 の三角形となっており，その面積は 1/2×0.066×0.2 となる。第Ⅱ所得階層は，上底 0.066，下底 0.184，高さ 0.2 の台形で，その面積は 1/2×(0.066＋0.184)×0.2 となり，第Ⅲ所得階層，第Ⅳ所得階層，第Ⅴ所得階層も同様に台形の面積から構成されるから，これらの面積を合計した面積 B は次のようになる[8]。

$$面積 B = \frac{1}{2} \times 0.066 \times 0.2 + \frac{1}{2} \times (0.066 + 0.184) \times 0.2 + \frac{1}{2} \times (0.184 + 0.348) \times 0.2$$

$$+ \frac{1}{2} \times (0.348 + 0.584) \times 0.2 + \frac{1}{2} \times (0.584 + 1.0) \times 0.2$$

$$= 0.1 \times (0.066 \times 2 + 0.184 \times 2 + 0.348 \times 2 + 0.584 \times 2 + 1.0)$$

$$= 0.3364$$

したがって，

$$\text{GINI} = 1 - 2 \times 0.3364 = 0.3272 \text{[9]}$$

　同様に，1963 年，1970 年，1980 年，1990 年，2000 年，2010 年のジニー係

表 7.5　日本の GINI 係数の推移

年次	1963	1970	1980	1990	2000	2010	2015
GINI 係数	0.305	0.254	0.26	0.278	0.284	0.321	0.327

表 7.6　2006 年アメリカの所得階級別年間収入

所得階級	(1) 世帯割合	(2) 1世帯当たり所得 （ドル）	(3) 各階級所得比率 （%）	(4) 累積世帯比率 （%）	(5) 累積所得比率 （%）
I	0.2	11,352	0.034	20	0.034
II	0.2	28,777	0.086	40	0.12
III	0.2	48,229	0.145	60	0.265
IV	0.2	76,929	0.229	80	0.494
V	0.2	168,170	0.505	100	1.0

（資料）Weil（2008）"*Economic Growth*", Chapter 13, p. 372, Table 13.1, および p. 374, Figure 13.2 より。

数を計算すると表 7.5 のように整理できる。日本のジニー係数の推移を観察すると，1960 年代高度成長期にはジニー係数は若干の低下をみるが，バブルが崩壊した以降は，上昇傾向にある。

　さて，表 7.6 はアメリカの 2006 年の所得階級別の年間収入と関連する累積分布を示したものである。先と同様の方法でジニー係数を求めると

$$\text{GINI} = 1 - 2 \times 0.2826 = 0.4348$$

　ジニー係数から見る限り，年は異なるものの，アメリカは日本と比較してもかなり所得不平等な国といえそうである。一般に先進諸国と比較して発展途上国の方がローレンツ曲線の膨らみが大きく所得格差が大きいという結果が得られている。

※このコラムで使用した数値は，稲葉三男ほか（2017）『経済・経営 統計入門』共立出版から抜粋した。

注

1) 会社以外の法人は，独立行政法人，一般社団法人・財団法人，公益社団法人・財団法人，社会福祉法人，学校法人，医療法人，宗教法人，協同組合，労働組合，共済組合，国民健康保険組合，信用金庫，弁護士法人などからなる。

2) 外部取締役の導入は，構成人数もさることながら，その選任の仕方，取締役としての資質が重要な要素となる。外部取締役が一部の企業内役員の意向のみを反映して選任されるならば，適切な企業運営が行われず，不祥事を招く結果となる。日本弁護士連合会は 2013 年 2 月に「社外取締役ガイドライン」を公表し，毎年改定が行われている。

3) しかし，以下に述べる日本的経営管理方式は，戦時中の兵器増強の遂行のため，労働力を安定的に確保するという軍部の指導によりすでに形成されていたという説もある。

4) 一例を挙げると，筆者の高校時代の友人は，大学卒業後 A 企業グループの B 銀行に就職した。A 企業グループは S ビール会社と企業グループを形成していた。彼の直接の仕事とは関係ないにもかかわらず，行きつけの酒場の主人にいつも S ビールの搬入を働きかけざるを得なかったという。

5) 柴田努（2016）『経営者支配の構造変化と株主配分の増加』一橋大学大学院経済学研究科学位請求論文。

6) 世帯所得から国民一人ひとりの収入を計算し，その中央値の額の半分に満たない人の割合をいう。相対的貧困率と呼ぶ。

7) 桶口美雄・佐藤数磨（2015）『雇用賃金に見る各国共通な流れと日本の特異性』図表 14 より。

8) 表では所得階層について全世帯を対象とした調査をもとにしているが，二人以上の全世帯，勤労者世帯を対象とした調査結果も家計調査には掲載されている。いずれの資料を用いるかによって結果が異なってくることに注意する必要がある。

9) ジニー係数は，次の式によっても求められることが確かめられている。

$$\text{GINI} = 2 \times (各階級の累積世帯比率 \times 各階級の所得比率) の和 - (5+1)/5$$

第8章
日本経済をめぐる国際経済関係

　本章は，日本の国際経済関係が戦後日本経済にどのような影響を与えたかを概説する。国際経済関係は，国民経済と国民経済間における「財・サービスの取引」，「お金の流れ」，「人の移動」を通じて形成される。ここで，財・サービスの取引が貿易であり，お金の流れは資本（＝直接投資と間接投資など）[1]の移動を示し，人の移動とは具体的には移民や外国観光客などである。戦後の日本経済をふり返ると，国際経済関係のうち，特に貿易と直接投資による影響は絶大であった。そこで本章では，貿易および直接投資と日本経済との関係に焦点をあてながら議論をすすめる。

8.1　戦後日本の貿易動向とその特徴

8.1.1　輸出構造の特徴

　戦後日本の輸出は，繊維などの軽工業品から造船，鉄鋼などの重化学工業品，さらには自動車電機製品などの機械製品に移った。1960年における主要輸出品は，繊維製品，金属（鉄鋼），玩具などであった。当時は日本の輸出の約3割を繊維が占めていた。しかし，その後の発展途上国の追い上げ等により繊維製品のシェアは減少し，1970年には12.5%，2000年には約1.8%まで減少した（表8.1参照）。高度成長期を通じて繊維製品，玩具のウェイトは低下するが，金属のウェイトは高まる。

表8.1　日本の輸出構造

年次	総額	繊維及び同製品	化学製品	非金属鉱物製品	金属及び同製品	一般機械	電気機器	輸送用機器	精密機器類	その他
1970	100.0	12.5	6.4	1.9	19.7	10.4	12.3	17.8	3.5	15.5
1975	100.0	6.7	7.0	1.3	22.5	12.1	11.0	26.1	3.6	9.9
1980	100.0	4.8	5.3	1.4	16.5	13.9	14.4	26.5	5.5	11.7
1985	100.0	3.6	4.4	1.2	10.6	16.8	16.9	28.0	5.7	12.9
1990	100.0	2.5	5.5	1.1	6.8	22.1	23.0	25.0	4.8	9.1
1995	100.0	2.0	6.8	1.2	6.5	24.1	25.6	20.3	4.7	8.7
2000	100.0	1.8	7.4	1.2	5.5	21.5	26.5	21.0	5.4	9.9

年次	総額	食料品	原料品	鉱物性燃料	化学製品	原料別製品	一般機械	電気機器	輸送用機器	その他
2000	100.0	0.4	0.7	0.3	7.4	9.8	21.5	26.5	21.0	12.5
2005	100.0	0.5	1.1	0.7	8.9	11.3	20.3	22.2	23.1	11.8
2010	100.0	0.6	1.4	1.6	10.3	13.0	19.8	18.8	22.6	11.9
2015	100.0	0.8	1.5	1.6	10.3	12.2	19.1	17.6	24.0	13.0

（単位：%）（資料）「外国貿易概況」（公益財団日本関税協会)2)

　金属製品（鉄鋼）の輸出ウェイトは，1970年に19.7%，1975年には22.5%まで高まったが，その後，1980年代に入るとそのウェイトは低下し，16.5%（1980年），10.6%（1985年）となり，2000年には5.5%まで急減している。

　高度成長期の後半より，輸出ウェイトを高めてきた一般機械，電気機器，輸送用機器の輸出ウェイトは一層高まる。一般機械，電気機器，輸送用機器の輸出ウェイトを合計すると，1970年の40.5%から，2000年には68.9%とシェアが増加している。

　この間，自動車を中心とする輸送用機器の輸出ウェイトは，17.8%（1970年）から21.8%（2000年）まで順調に増加しているが，とりわけ電気機器の輸出ウェイトは目をみはる増加を示している。1970年には12.3%であったものが，2000年には26.5%と30年間に2倍以上増加している。ただし品目でみると，1970年代がテレビ，ラジオ，電卓，1980年代は据え置きVTR，1990年代はIC（集積回路），のように技術革新の進展により輸出品目は目まぐるしく変遷している。

　2000年代に入ると，ICはもちろん，ノート型パソコン，携帯電話，デジカメ，ハンディタイプVTR，大画面デジタルテレビ，光ファイバーケーブル等

も輸出していた。しかし，電気機器の輸出ウェイトは2000年の26.5%をピークに，22.2%（2005年），19.8%（2010年），17.6%（2015年）と減少に転じた。これは，ノート型パソコン，カラーテレビ，携帯電話などの電機製品において，中国・韓国の激しい追い上げによりシェアが奪われたためである。なお，自動車関連では，乗用車，自動車部品，エンジン等の輸出が引き続き順調で，輸出ウェイトも21%（2000年），23.1%（2005年），22.6%（2010年），24%（2015年）と減少傾向は示していない。

　輸出構造は，繊維などの軽工業品から，造船・鉄鋼などの重化学工業品へ，その後は機械機器中心へと大きく変化してきた。機械機器はイノベーションによる多彩な製品開発を通じて国際競争力を強化しながら，日本の輸出の大半を占めるようになった。国際競争力を維持し続けた機械機器が日本の輸出の中心という特徴がある。

8.1.2　輸入構造の特徴

　高度成長が始まった1955年時点における輸入総額のうち，金属，木材，天然ゴムなどの原料品ならびに石炭・原油などの鉱物性燃料を合わせた額のウェイトは70%を超えていたが，高度成長の終了時期である1970年には30.7%まで減少している。これは主に原料品の輸入ウェイトの低下によるものである。原料品の輸入ウェイトは，1970年の16%からさらに減少傾向がみられ，2000年には6.5%まで低下している（表8.2参照）。

　他方，原油を中心とする鉱物性燃料の輸入ウェイトは1970年に20.7%であったが，それ以降高まりをみせており，1980年には49.8%までに急上昇している。これは，1970年代に入って勃発した第4次中東戦争（1973年）およびイラン革命（1979年）を発端とする2度のオイルショックにより，原油等が高騰したことに起因する。その後，石油価格が一旦落ち着き，鉱物性燃料の輸入ウェイトも減少に転じ，1995年には15.9%までに下落した。しかし，石油の世界需要の増加や産油国の供給不安定等の影響から再び石油価格が高騰し，2005年における鉱物性燃料の輸入ウェイトは，25.6%までに上昇している。

　工業製品（化学製品・繊維製品・金属及び同製品・機械機器を合わせたもの）の輸入ウェイトは，26%（1970年），16.1%（1975年），17.8%（1980年），

表8.2　日本の輸入構造

年次	総額	食料品	原料品	鉱物性燃料	化学製品	繊維製品	金属及び同製品	機械機器	その他
1970	100.0	13.6	16.0	20.7	5.3	1.7	6.8	12.2	23.7
1975	100.0	15.2	9.9	44.3	3.6	2.3	2.9	7.4	14.5
1980	100.0	10.4	9.3	49.8	4.4	2.3	4.1	7.0	12.7
1985	100.0	12.0	7.5	43.1	6.2	3.0	4.7	9.6	14.0
1990	100.0	13.5	7.2	23.9	6.9	5.5	6.9	17.4	18.8
1995	100.0	15.2	9.8	15.9	7.3	7.3	5.9	25.3	13.2
2000	100.0	12.1	6.5	20.3	7.0	6.5	4.8	31.6	11.3

年次	総額	食料品	原料品	鉱物性燃料	化学製品	原料別製品	一般機械	電気機器	輸送用機器	その他
2000	100.0	12.1	6.5	20.3	7.0	9.6	11.0	14.2	3.6	15.7
2005	100.0	9.8	6.2	25.6	7.6	9.5	9.9	13.0	3.6	14.9
2010	100.0	8.6	7.8	28.6	8.9	8.9	7.9	13.3	2.8	13.2
2015	100.0	8.9	6.2	23.2	9.9	9.0	9.0	15.3	4.0	14.5

（単位：％）（資料）表8.1に同じ。

23.5％（1985年）と，1970年代および1980年代は大きな変化はみられない。しかし，1990年代の低成長期以降になると，36.7％（1990年），45.9％（1995年），49.8％（2000年）と顕著な増加がみられる。

　品目別にみると，繊維製品の輸入は，高度成長期にはあまりみられなかったが，繊維輸出の構成比が急激に低下した1975年頃からは輸入ウェイトが堅調な増加を示し始め，1970年の1.7％から1995年の時点では7.3％までに上昇している。高度成長期において，主な輸出産業であった繊維は輸入産業として変化したことになる。

　電子計算機をはじめとする機械機器の輸入ウェイトは12.2％（1970年），7.4％（1975年），7％（1980年）と減少傾向を示していた。ところが，1985年のプラザ合意後の急激な円高は，製造業の企業に海外への進出，特にアジアへの生産拠点の移管を余儀なくした。その結果，アジアからパソコン，プリンター，液晶表示装置等のコンピューター関連機器，カラーテレビ，装置型VTR，ミニコンポ，MDデッキ等の音響機器等の逆輸入が増加した。このため，機械機器の輸入シェアは，1985年に9.6％に上昇し，1990年17.4％，1995年25.3％，2000年には31.6％と，1970年に比べると約2.6倍に上昇した。

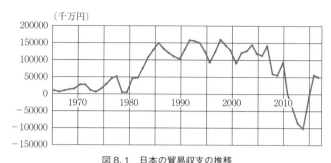

図 8.1　日本の貿易収支の推移
（資料）『令和元年度　年次経済財政報告』内閣府（「長期経済統計」所収）

　日本の貿易は，かつては原材料を輸入しそれを加工して輸出するという垂直貿易に大きな特徴があり，輸入は鉱物性燃料など原材料が大半であった。しかし，1990 年代に入って機械機器の輸入が激増しており，現在は国際分業体制による水平貿易へと貿易構造が大きく変化していることを示唆している。

8.1.3　貿易収支の動向

　図 8.1 をもとに，貿易収支の長期的推移をみてみよう。1965 年までは貿易収支は赤字であったが，その後貿易黒字に転換した。2 回の石油危機によって貿易収支が減少することもあったが，趨勢的には顕著な増加傾向を示した。特に，1980 年に入って急速に増加し，3447 億円（1980 年）から 1986 年には 15 兆 1250 億円にのぼっている。これは，機械機器を中心に国際競争力が高まり輸出が急速に増大したことが背景にある。

　しかし，1986 年を過ぎると黒字が減少してしばらくその状態が続き，その後も増減をくり返して変動幅が大きくなった。これは，日米貿易摩擦とプラザ合意による急速な円高が進み，これまでの輸出促進から直接投資拡大へと企業の対外戦略の転換が行われたことが背景にあると考えられる。2007 年には 14 兆 1873 億円の黒字を記録したが，その後は減少傾向を強め，赤字になる事態も発生している。2011 年に 3302 億円の赤字に陥った以降は，－4 兆 2719 億円（2012 年），－8 兆 7734 億円（2013 年），－10 兆 4653 億円（2014 年）と年々赤字が膨らんでいる。これらは，東日本大震災以降，原子力発電所の稼働が一時的に止まり，化石燃料の輸入が大幅に増加したことがあげられるが，同時に

機械製品を中心とする輸入増加も一つの要因である。

　以上みてきたように，貿易収支の動向をみると，貿易収支黒字が趨勢的に増加する時期（1965年～1986年），貿易収支黒字の増加に歯止めがかかり増減の変動幅が大きい時期（1987年～2007年），貿易収支が赤字傾向を示す時期（2008年以降）に区分され，3つの転換点があることが観察される。

　これらを第1の局面（1965年～1986年），第2の局面（1987年～2007年），第3の局面（2008年以降）と呼ぶとすれば，第1の局面は，戦後日本経済が保護貿易から自由貿易体制への転換したことに対応する。第2の局面は，プラザ合意以降，日米貿易摩擦と円高を背景に大企業が対外経済活動の重点を輸出から直接投資へ転換した過程であり，第3の局面は，日本企業の本格的なグローバル化の到達を反映している。この3つの転換局面を踏まえて，明らかにすべきテーマを以下のように設定する。

　①　終戦直後の日本の産業はほとんど壊滅的な状況にあったにもかかわらず，いち早く自由貿易体制への移行を宣言し，難しいかじ取りを余儀なくされる中，機械機器を中心として圧倒的な国際競争力を獲得できた理由と，それがもたらした問題は何か。

　②　戦後の企業の海外進出（海外直接投資）の実態はどのようなものであり，1985年以降に直接投資拡大の本格的展開が始まったのはなぜか。

　③　企業のグローバル化が本格化して国際的分業による国際的供給体制が確立したが，その実態とはいかなるものか。また，グローバル化はどのような問題を国内外にもたらすのか。

　以下では，8.2節で①をとりあげ，8.3節で②，8.4節で③のテーマをとりあげる。

8.2　保護貿易から自由貿易体制への転換

8.2.1　国際収支の天井

　戦後日本経済は，貿易収支の赤字問題に悩まされていた。経済成長が続くと貿易収支が悪化し，経常収支の対GDP比率もマイナスになり，国際収支の天

井が経済成長を制約した。

　当時の日本経済は，政府の主導のもと，工業化を進めるために鉱物性燃料を
はじめとする原材料を海外の輸入に頼っていた。日本国内の景気が良くなり経
済成長が高まると，国内需要が増大し，原材料の輸入も増加する。また，国内
ではインフレ圧力が高まり，輸出価格も上昇する。その結果，輸出は減少し，
輸出と輸入の差額である貿易収支はマイナスとなり貿易収支は悪化した。

　つまり，国内の景気拡大が国内需要を拡大し，物価上昇をもたらし，輸入が
増大する一方，輸出が減少して貿易収支の悪化をもたらすという状況が，高度
成長期の特徴であった。

　貿易収支の赤字分は，国際間の決済が必要になる。国際決済の方法としては
保有する金で支払う，保有する外貨で支払う，不足分を IMF や世界銀行など
の国際機関から借り入れるなどの方法が考えられる。しかし，赤字を補填する
ために国際機関からの多額の借り入れをするための条件を，当時の日本では満
たすことができなかった。金の保有はきわめて少なく，貿易収支の赤字は外貨
準備（ドル）で支払うしか手だてがなかった。しかし，現在とは異なり外貨の
保有額自体が限られていたため，外貨による赤字分の支払いを節約する必要が
あった。そのため貿易収支の赤字が生じたら，国内の景気を抑えるため，政府
の支出の削減や日本銀行による金利の引き上げなど，いわゆるストップ・ゴー
政策がとられた。

　このような経済成長の大きなネックとなる国際収支の天井を解消することは，
当時の政府当局のもっとも優先される政策課題であり，そのためには国際競争
力を高め，輸出ができる日本製品を一刻も早く育成する必要があった。

8.2.2　貿易協定への加盟

　戦後日本は，国際社会への復帰が急がれた。特に，経済との関連でいえば，
IMF 加盟（1952 年）GATT 加盟（1955 年）が一つの転換であった。

　戦前は日本および欧米列強の間で為替レートの切り下げ競争による輸出拡大
が熾烈に繰り広げられ，世界経済は袋小路に陥っていった。輸出競争を回避す
るため日本および欧米列強は自由貿易を制限し，自らの経済圏を拡大してその
中で輸出の増加をめざすためのブロック保護主義へと傾いていき，これが第 2

表 8.3　貿易自由化の推移3)

自由化時期	自由化率（%）	非自由化品目数
1958 年現在	33	
1960 年 1 月	37	
1961 年 4 月	62	
1962 年 4 月	73	492
1963 年 4 月	89	229
1964 年 4 月	93	174
1966 年 4 月	93	159
1970 年 4 月	94	141
1972 年 4 月	95	79

（資料）小浜裕久ほか（1996）『戦後日本経済の 50 年』
（日本評論社）, p.159, 表 5-5 より。

次世界大戦の引き金になった。

　為替レートの切り下げ競争は世界経済に悪影響を与えるという戦前のにがい教訓にもとづいて，固定為替レートを遵守することで合意したものが IMF 協定であった。また，貿易における保護主義を回避し自由貿易体制を確立するということを協定にしたものが GATT であった。日本は保護貿易から自由貿易への転換を強く迫られたのである。

　しかし，なにもせず，国際競争力がないまま自由貿易体制に突入すれば，国内産業の育成がおくれ，日本の戦後復興はきわめて困難性を伴うことが予想された。そこで，輸入数量制限の撤廃を迫られたが，緩和措置を遅らせるなどの交渉により段階的に貿易自由化を実施する政策をとった。

　一方その間に，国際競争力強化のための措置として，重要機械等への税優遇制度の実施，日本開発銀行や日本輸出入銀行などによる低利融資を行った。さらに，育成産業と競合する財の輸入に対して外貨の割り当てを制限する外貨割当措置や，輸出産業と将来の輸出産業に対して原材料・機械の輸入や技術導入を優先するという輸入数量制限措置などの輸入制限を実施した。このような国内産業保護の結果，鉄鋼，自動車，電機，工作機械などの産業では急速に国際競争力を高めることになった。

　貿易自由化の推移をみると，1958 年には 33% であったものが，1961 年には 62% に達し，1972 年には 95% となっている。1960 年代に一気に自由化が進

んだことが確認できる。1961年には，綿・自転車・ステンレス鋼・バス・トラックなど，1964年には早くもカラーTV，1965年には乗用車などが自由化された。国際競争力を高めることによって，日本の経済成長は大きく羽ばたくことになる（表8.3参照）。

　国際競争力を期待される国内基幹産業には徹底した保護政策を行い，競争力が十分に高められるまで段階的に自由貿易体制へ移行できたことが，その後の国際競争力維持につながったと言える。

8.2.3　日米貿易摩擦

　国際競争力の強化は輸出拡大を可能にしたが，やがて貿易摩擦をもたらす。貿易摩擦は主にアメリカとの関係でくすぶっていた。具体的には，繊維（1960年代），鉄鋼（1960年代半ば），テレビ（1960年代後半），工作機械・自動車・VTR（1970年代後半），半導体（1980年代）などである。

　日米貿易摩擦は，日米貿易構造から端を発している。日本の対米貿易収支黒字が定着し始めたのは1965年以降，黒字の急速な拡大は1980年以降であり，貿易摩擦の深刻化が進んだ。（表8.4参照）

　日米貿易摩擦への対応として，1970年以降，一層の貿易自由化（カラーフィルム・高級電卓・集積回路・電子計算機など），2国間調整（繊維など），輸出規制（鉄鋼），最低価格支持政策（鉄鋼），輸出自主規制（自動車）など個別製品ごとに輸出規制政策を実施した。

　しかし，日本の対米貿易収支黒字はますます増加した。やがて日米貿易摩擦は，個別商品の摩擦にとどまらず，空間的時間的広がりをみせるようになり，個別交渉から包括的交渉が行われた。日米包括的協議が開催され，日本はアメリカに対して大きな妥協を余儀なくされた。たとえば，日本国内の制度改革，市場開放，規制緩和，非関税障壁（系列取引，流通機構の競争），内需拡大のために430兆円分の公共投資を実施するといった対外的公約などである。

　日米貿易摩擦解決のために，政府は，日本の経済構造の制度改革のため，構造改革路線を強力に推進するようになった。一方，民間企業は大企業を中心に本格的な海外展開をすることによって輸出から現地生産への転換をはかり，現状を打開していった。

表8.4　日米貿易収支の推移

年次	アメリカへの輸出		アメリカからの輸入		対米貿易収支（億ドル）
	輸出額（億ドル）	輸出総額に対する比率（%）	輸入額（億ドル）	輸入額に対する比率（%）	
1960	11	27.2	16	34.6	−5
1965	25	29.3	24	29	1
1970	59	30.7	56	29.4	5
1975	111	20	116	20.1	−5
1980	314	24.2	244	17.4	70
1985	653	37.2	258	19.9	396

（資料）『日本国勢図会』1986年版，p.387，表36-39所収。

　戦後日本は，国際経済社会への一刻も早い復帰をめざし，IMF と GATT に加盟し，保護貿易から自由貿易体制への転換を進めた。保護貿易から自由貿易体制の転換は，日本の製造業の国際競争力を高めたが，それはやがて貿易摩擦を引き起こし，特に日米貿易摩擦が深刻化した。日米貿易摩擦解決のために日本企業はアメリカに進出して現地生産を開始した。現地生産はアメリカ以外の国に対しても展開され，日本企業のグローバル化は本格化していった。

8.3　企業活動の多国籍化の本格化

　企業の諸外国との競争は，単に一国の生産物を海外に有利な条件で販売できる（輸出できる），あるいはその国に必要な商品を安価に購入できるという点にとどまらない。諸外国との貿易取引関係が大きく変化すると，従来の形での企業行動が困難となり，新たに海外に生産活動拠点を形成する必要に迫られる。

　企業が海外への生産拠点を設立することを，国内の投資と区別して海外直接投資と呼んでいる。また，国内企業が複数の国にまたがって生産拠点を持ち事業活動を展開する場合，その企業は多国籍企業であるといわれる。大企業といわれる企業のホームページをみると，それらの企業は単に国内だけではなく，海外にも多くの生産拠点をもっていることが確認できる。第2次世界大戦以前の日本においても，旧財閥グループを中心として，中国，台湾，朝鮮などに企業が多国籍化した形で事業活動を展開していた。このような多国籍企業活動は，

戦後になってから本格化する。

8.3.1 1950年代後半～1960年代前半

1950年代後半から1960年代前半には，アメリカや一部の西欧諸国において企業の海外事業の展開，すなわち企業の多国籍化がみられるようになったが，この時期の日本企業の海外事業展開は限定されていた。戦後の日本は，欧米の生産水準に追いつくべく高い成長を維持するために，製品生産のための原材料を安価に購入し，製品を輸出するということを国家の政策目標としていた。もし企業が，海外に子会社を設置しようとすると，海外での土地購入や工場建設等の費用は，親会社の出資となるが，国際間の決済では外貨準備（ドル）による支払いとなる。しかしながら，1950年代後半から1960年代前半にかけては，景気が良くなると貿易収支が悪化し，外貨不足が生じるために，海外進出のための外貨支払いは強い規制のもとにおかれたので，海外進出は困難であった。

8.3.2 1960年代後半～1980年代前半

1960年代後半から貿易収支が黒字定着するとともに，日本の海外進出規制は欧米諸国からの批判を受け，1967年の資本自由化以降，海外直接投資規制も徐々に緩和されはじめた。その動きと並行して企業の海外進出も1970年以降増加し始めるが，この時期の海外進出の動機は，主に資源獲得であった。

大量に輸入されている原油，鉱物資源（鉄鉱石，銅鉱石，ゴム，木材，ボーキサイト，レアメタル）の価格が大幅に引き上げられたり，輸出規制が行われたりすると，国内の生産に必要な資材の供給が困難になり，正常な生産活動ができなくなる。このような背景から第1次石油危機（1973～74年）および第2次石油危機（1979～80年）での原油を中心とする一次産品価格の高騰は，資源確保のための海外進出を余儀なくした。鉱物燃料資源確保のため，中南米，中近東，アジア，オセアニアへの直接投資が増加した。

8.3.3 1980年代後半以降

日米貿易摩擦の深刻化を背景に，海外直接投資が本格化していく。貿易相手国が海外からの急激な商品の流入を阻止するために，関税を大幅に引き上げる

などしていわゆる輸入規制を実施すると，従来のような輸出が困難となる。貿易摩擦は貿易対象国への輸出が減るために企業が収益が減少する。その結果，海外での市場を確保・維持するために，1980 年代から鉄鋼業，自動車産業，電気機器産業などで欧米を中心に海外進出が促進された。

　また，1977～78 年，1980 年代後半，1994～95 年の円高は，国内での生産費用を海外のそれと比較して割高にしたため，輸出が困難になり，製造業を中心に直接投資を増加させた。

　海外での市場拡大，ないしは市場拡大の可能性は，国際的な市場獲得競争の中で，現地生産の誘因を高めることになる。BRICS （ブラジル，ロシア，インド，中国）などのいわゆる新興工業経済諸国と呼ばれる国は，2010 年代前後から高い成長を実現し，将来においても高い持続的な成長が期待されている。現在においては，それぞれの国々の国内事情により，インドをのぞいては，以前ほどの成長の可能性は指摘されないものの，全体的には高い成長を続けており，現地での市場獲得のため，各国の主要企業は海外進出を促進させている。日本企業においても，2000 年代には中国への直接投資が，2000 年代後半以降にはインドへの海外進出が顕著となった。

　このように，海外直接投資拡大の動機は，資源獲得から貿易摩擦や円高への対応および海外での市場獲得などに変化してきた。海外進出をしなければ，企業の存亡にかかわる状況に陥るという危機感が背景にあったゆえに，海外進出は加速化することになった。

8.4　海外生産ネットワークの拡大と今後の課題

8.4.1　海外生産ネットワークの拡大

　かつては，日本企業が海外に拠点をおくと，国内での生産基盤が失われ，雇用機会が喪失するといわれた。確かに現在においてもその可能性はあるが，主要企業はすでに海外進出を進めており，企業によっては海外での生産比率が国内のそれを上回っている。また，海外の子会社から日本国内の親会社に原材料部品を提供し，日本で完成品を製造する，あるいはその逆のケースもあり，日

表 8.5　日本の製造業における本社と現地法人の財・サービスの取引状況

製造業現地法人への日本からの調達状況（日本から外国への輸出）

	2007 年度	2016 年度
対アジア	10,559	9,985
対欧州	5,487	1,807
対北米	7,480	5,345
合計	23,526	17,137

製造業現地法人の日本への販売状況（日本の外国からの輸入）

	2007 年度	2016 年度
対アジア	9,417	11,214
対欧州	330	427
対北米	784	587
合計	10,531	12,228

現地法人をもつ製造業の地域別貿易収支

	2007 年度	2016 年度
対アジア	1,142	− 1,229
対欧州	5,157	1,380
対北米	6,696	4,758
合計	12,995	4,909

（単位：10 億円）（資料）「第 47 回海外事業基本調査（2017 年 7 月調査）」所収。

　本企業の事業活動は海外の生産ネットワークに強く組み込まれている。特に，日本のアジアにおける国際分業体制は，一層緊密になっている。中国を経由する部品の輸出入が大幅に増加し，アジア域内で国際分業体制が発展する中で，中国の生産拠点としての存在感が高まることになった。

　表 8.5 は，日本の製造業における本社と現地法人との財・サービスの取引状況の 2007 年度から 2016 年度への変化をみたものである。

　製造業現地法人への日本からの調達状況は，貿易収支でいうと日本から外国への輸出を示す。対アジアでみると，10 兆 5590 億円（2007 年度）から 9 兆 9850 億円（2016 年度）へと減少している。対欧州および対北米も同様な傾向にあり，全体でみると，23 兆 5260 億円（2007 年度）から 17 兆 1370 億円（2016

年度）へと大幅に減少している。このことは，製造業現地法人は生産に必要な部品等の現地調達率をあげて，現地企業との連携関係を強化していることを示す。その分，日本本国からの調達を必要としなくなったことを示している。

　製造業現地法人の日本への販売状況は，日本の外国からの輸入を示す。対アジアでみると，9兆4170億円（2007年度）から11兆2140億円と大幅に増加している。これは，アジアで生産され，日本に逆輸入される製品の金額が相当に増加していることを示している。対欧州でみると両期間での増加はそれほど大きくない。対米では逆に減少している。したがって，対アジアとの関係で日本への逆輸入が増加していることになり，それを反映してアジアに現地法人をもつ製造業の貿易収支は1兆2290億円（2016年度）の赤字で，輸入超過になっている。このように2017年以降の日本の貿易収支赤字傾向は，製造業における本社とアジアにおける現地子会社との国際的供給体制の変化が大きく影響している可能性を示している。

8.4.2　今後の課題

(1)　海外事業展開にともなうリスク

　進出先において生産を行う場合，現地の従業員を雇用することになるが，当然のことながら当該国の雇用慣行をふまえる必要がある。さらに，現地での取引等についてもその地域の取引慣習や法律等についての理解が不可欠となる。為替の大幅な変動は，大きな損失を伴う危険性がある。また，生命を脅かすような事故が起きた場合，十分な対応が行われないと，タカタのエアーバックのように深刻な問題を引き起こす可能性がある。このように，為替リスクや製造業製品に対するリスクへの対処は極めて重要である。

　海外生産ネットワークの拡大は，海外子会社と国内本社間の部品等の取引を通じて，生産費用の抑制を可能とした。しかし，他方において自然災害（大震災，台風等）が大規模な形で起こると生産活動の継続が困難となる。中国国内で発生し，2020年1月に顕在化したコロナウィルス感染の拡大は，多大な人的被害をもたらしただけでなく，中国経済に大きく依存している国々，ひいては世界経済にマイナスの影響を及ぼしている。このように，グローバリゼーションの進展に伴って生じるリスクをどのように克服していくかは今後の大きな

課題である。

(2) 貿易収支赤字問題の再来と産業の空洞化

　現段階では貿易収支とサービス収支の合計である貿易・サービス収支は赤字傾向を示しているが，所得収支は黒字基調で増加傾向を示している。したがって，経常収支は黒字で，外貨不足で苦労した戦前から戦後にかけての国際収支の天井問題がすぐに起こるとは思えない。しかし，日本が最も国際競争力をもっている製造業で，輸入が輸出を上回る状況が常態化すれば，製造業部門で雇用削減など産業の空洞化問題が本格化する可能性は否定できない。

推薦図書

- 宮崎　勇・田谷禎三『世界経済図説　第3版（岩波新書）』岩波書店，2012年

　本書は，戦後世界経済の輪郭を国際貿易，国際金融，地域統合，人口・食料・エネルギー・資源，地球環境保全などをキーワードとして，データをもとに詳細に解説している。世界経済の全体像と今後のゆくえを理解するうえでの基本文献である。

- 中北　徹『国際経済学入門（ちくま新書）』筑摩書房，1996年

　本書は，貿易を中心に国際経済学の基礎概念について，わかりやすく解説している。同時に，世界との関係性において日本経済の諸問題を明らかにしており，そこに本書から学ぶべき点が多くある。

- 小峰隆夫・村田啓子『貿易の知識　第3版（日経文庫）』日本経済新聞出版社，2012年

　本書は，現実の貿易の仕組みや為替レートについて，理論をもとにやさしく簡便に解説しているロングセラーのテキストである。貿易をめぐる様々な現実の動向を具体的に考察するうえで役にたつ。

注

1) 資金の流れは，債権債務の満期が短いもの（短期）と長いもの（長期）に大きく区分できる。特に，株式取得については満期がないため，長期資本の移動として捉えられている。さらに，海外の株式取得については，単なる収益を求めて対象企業の経営の支配を伴わないもの（間接投資）と経営の支配を伴うもの（直接投資）に分類されている。

2) 2000年に輸出入統計品目表が全面的に改正されたことにより，2000年以前と2001年以降では輸出・輸入ともに品目の分類が違っている。

3) 自由化率は輸入総額を分母とし，自由化品目の輸入額を分子として算出している。なお，1960年代に自由化された主要品目は以下の通りである。
1961年：綿・自転車・ステンレス鋼・バス・トラック，1964年：カラーテレビ，1965年：乗用車

第9章
政府の役割と日本の財政赤字

　財務省のホームページ「日本の財政を考える」によれば，日本の債務残高（国債残高）は2018年度末で883兆円に達している。この額は日本の税収の約14年分に相当し，後世の世代に大きな負担を残すことになるという。特にここでは，日本の財政を私たち家計の借金に例えて具体的な説明がなされている。それによると，国民一人当たりの借金額は668万円，4人家族で考えると2,672万円になる。もしこの表現を文字通りに受け取ると，国家の借金すべてを私たち国民が返済しなければならないということになる。そうだとすれば，際限もなく借金を増やし続け後世の国民に過大な負担を強いるだけで，現在の政府の活動は全く無用のものとなる。政府が多額の支出を行い，経済活動に余計な介入を続けることが民間経済活動を阻害しているので，政府は経済活動ルールが守られているか監視することに徹し，最低限の活動にとどめるべきだという強い意見がある。それでは，無益な政府の活動の結果が現在のような財政赤字拡大をもたらしたのだろうか？　政府の役割を考えた場合でも，政府の赤字を家計の赤字と同様に位置づけ，全て解消すべきなのだろうか？　本章では，まず政府の役割と財政赤字の状況を概観する。次に財政赤字が拡大した原因を探る。そして，最後に政府の財源とその使途について検討を行う。

9.1 政府の役割と財政赤字

9.1.1 政府の役割

　一般にいう政府は，中央政府と地方政府から成り立っている。中央政府は国家行政の中央機関，すなわち国家全体を範囲として行政を行う機関と位置付けられる。それに対して，地方政府は都道府県あるいは市町村からなる自治体を指す。

　形態は異なるものの，中央政府，地方政府ともに国民や企業から税金を徴収して，学校教育，社会保障，公共基盤整備（道路・港湾等）などの公共サービスを提供し，経済社会の再生産を支援している。支出をまかなう収入が見合っている限りは（歳入と歳出のバランスが均衡している限りは）財政上の問題は生じない。しかし前者の中央政府に議論の焦点をあわせてみた場合，次に見るように，日本の財政収支は高度成長期の半ば頃から赤字状態が顕在化し，拡大するようになった。

9.1.2 日本の財政収支状況と国債発行

　すでに第5章でも述べたように，1955年以降，日本経済は景気変動を伴いながらも平均経済成長率が10%前後の高度成長を1960年代前半まで続けてきた。しかし，1964年の東京オリンピックが終了した翌年1965年には，平均経済成長率は前年の11.2%から5.7%と大幅に低下し，日本経済は不況に陥った。5%を超える経済成長ならば近年と比較してもはるかに高い水準にあるが，当時はこの5%台への成長率の低下をかなり深刻なものとして捉えていた。この不況を下支えし，歳入の減少を補填するために，道路港湾などのインフラ整備に限定した国債（建設国債，別名4条国債）を1965年より開始した。以降，建設国債の発行は毎年続くが，1970年頃までは大幅な増大は見られなかった。その理由の一つとしては，1962年頃から始まったアメリカ軍による当時の北ベトナムに対する軍事介入が1966年より空爆なども行うようになり大規模になったことがある。そのための物資調達が主要な日本企業によってまかなわれたため，日本の景気は回復し経済成長も10%台にまで戻った。しかし，その

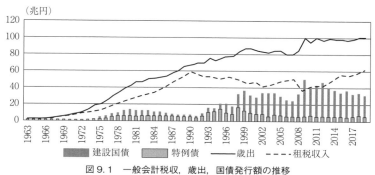

図 9.1　一般会計税収，歳出，国債発行額の推移
（資料）財務省「一般会計歳出，歳入」，および「戦後国債政策の管理」

ような景気拡大も 1970 年前半には終焉を迎える。その原因は，第 5 章でも明らかにしたように公害問題の深刻化，変動為替相場制度への移行，原油などの資源価格の高騰，金融緩和政策がもたらした土地価格の高騰などが挙げられる。その結果，1975 年には，平均経済成長率が 1950 年以降はじめてマイナスとなった。

　図 9.1 に見られるように，深刻な不況により，点線で示される税収が実線で示される歳出に比して減少したことから，不足する歳入をまかなうため新たに赤字国債（特例国債）を発行し，その額は年々増加の一途をたどった。企業や個人が金融機関から借り入れを行うときと同様に政府が発行する国債においても 3 年，5 年，10 年など発行条件に応じた利払いとともに一定期間内に貸し手に返済する必要がある。返済のための原資は，政府においては国民や企業から徴収する租税，ないしは事業収入であるが，歳出に対して不足するならば，さらに新規国債の発行が必要となる。その結果，国債の累積残高（政府の民間に対する借金残高）は増大の一途をたどり，ついに国債の整理または償還の借換えに必要な資金を確保するために発行される国債（借換国債）を発行せざるを得なくなった。

　1980 年代は，アメリカ，イギリスで流布した小さな政府論の影響下で，政府の支出自体が抑制傾向にあったことと税収が伸びたこともあり，赤字幅が減少して，それに伴って国債発行額も減少傾向にあった。しかし，1989 年の土地価格と株式価格の大幅な下落によるバブル崩壊は 1990 年代の深刻な不況を

招き，それに伴い税収は大幅に減少した。そのため 1989 年（平成元年）に消費税 3% の導入，さらには 1998 年に消費税の 3% から 5% への引き上げにより税収増を図ったものの，ほとんど効果をもたらしていない。また，1990 年代前半は，アメリカからの公共事業拡大要請もあり，建設国債発行による政府支出は大幅に増加した。その後，1990 年代後半の国家財政は，特例国債と借換国債に依存せざるを得なくなった。それにもかかわらず，2000 年代前半には法人所得税を中心とする減税が実施され，一層財政赤字を拡大する結果となっている。

9.2　財政赤字拡大の要因

9.2.1　政府の財源とその使途の変化

　中央政府の一般会計の歳出と歳入の内訳について，財政赤字が深刻になった 1991 年以降の状況を検討してみることにしよう。図 9.2 に見られるように，1991 年度では，歳入 70.3 兆円のうち主に国債返済のための費用（公債費）が 5.3 兆円と歳入全体の約 7.5% だったのが，27 年後の 2018 年度では 97.7 兆円のうち 33.8 兆円と規模が 6.4 倍となり，全体の一般会計の収入のうち約 35% が国債によってまかなわれることになる。

　2000 年代初期には，政府の規模を小さくして歳出削減をうたったものの，財政赤字の規模が膨れ上がり，国家の借金残高を拡大している。歳出のうち大きな増加を示しているのが社会保障費で 12.2 兆円から 33.0 兆円と 3 倍近くに上っている。社会保障費は，図 9.3 にみられる一般会計予算（公費）だけでなく，一般政府の一部である社会保障基金の社会保険料収入からも賄われている。

　図 9.3 からわかるように，社会保障給付額は，年金，医療，介護・福祉等からなるが，合計額が 1991 年度の 47.4 兆円から 2015 年度には 114.9 兆円に拡大した。そのうち最も増加しているのは，医療費である。退職後に支払われる年金総額は増加しているものの，個人に支払われる額は年々減少している。

　これまで何かにつけ安易に病院を利用して医療費の国家負担を増加する結果をもたらした国民にも問題がないわけではないが，少子高齢化にともなう国家

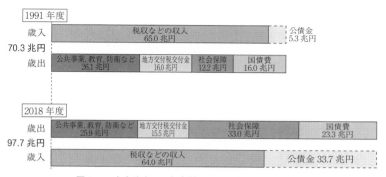

図 9.2　中央政府の一般会計における歳入と歳出の変化
（資料）財務省（2019）ホームページ「日本の財政を考える」より。

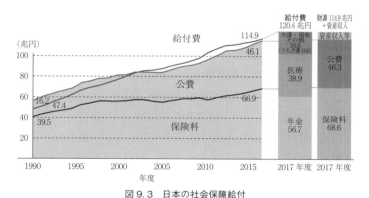

図 9.3　日本の社会保障給付
（資料）財務省（2019）ホームページ「日本の財政を考える」より（一部改訂）。

財政の深刻化はすでに 40 年前より再三指摘されていたにもかかわらず，長期にわたって有効な対策を講じてこなかった当時の政権政党の責任は重大である。

　少子高齢化が一層進むと予想される今後の医療費・介護費はこのままでいくと，さらに拡大し，それが国家財政の負担を大きくし，国債費が増加することは避けられない。その費用のつけは後世に回ることになり，医療負担費をこれ以上増加させない手立てが急務であることは間違いない。かといって，困難な病気を抱えている層への社会保障給付を削減すれば，生命の危険をもたらすことになるので，全ての層に一律の方策をとることはできない。最も重要なことは，高齢化が進む中で，高齢者が自らの健康を維持できるような方策がとられ，

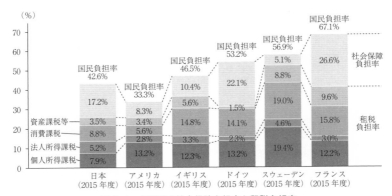

図9.4　主要国の社会保障負担率と租税負担率
（資料）財務省（2019）ホームページ「日本の財政を考える」より。

積極的な社会参加がいかに図られるかである。もちろん，高齢者自身が自らの責任において健康に対する努力も必要であろう。

　なお，公共事業・教育費・防衛費を合計した歳出は，図9.2に戻るとほとんど変化していないが，その構成は変化が見られる。まず，教育費と防衛費は，1990年度においてそれぞれ5.4兆円，4.3兆円であり，2015年度には教育費は5.6兆円とあまり変わらないものの，防衛費が5.3兆円と増加している[1]。しかも，教育費は1998年の7.3兆円をピークとして大きく減少した。さらに2017年度予算では5.1兆円に減少している。

9.2.2　日本の税負担と社会保障

　財務省の「財政問題を考える」によると，日本の社会保障水準の対国民所得費は，OECD30カ国比較では中位に位置する。他方，図9.4に明らかなように，主要先進諸国に限定すると日本の社会保障負担率はそれほど低いとはいえない。日本の社会保障面で国民負担が少ないのは，アメリカと並んで福祉分野である。

　税負担に目を向けると，個人所得税負担率は最も低く，アメリカとともに消費税，資産課税は低い。アメリカと日本の税徴収制度は所得税を基本としている点では共通する面がある。この図にはないが，カナダは所得税などの直接税を基本とした税収の仕組みをとっている。他方，国家間の人の移動が頻繁な欧

州は，所得税での補足が困難で，消費税に税収を頼る傾向が強い。

　法人税の負担率は，日本が最も高い。東アジア諸国の法人税率はさらに低く，経済界が日本政府に法人税負担率の減少を求める根拠の一つとなっている。しかしながら，主要大企業は税控除の様々な特典を持ち，海外に拠点を有する企業は，後に述べるように総合した法人税率が極めて低くなるような仕組みが作られている。

9.2.3　国債残高拡大と将来への懸念

　政府の民間に対する負債である国債の残高が増大した背景には，1965年と1975年の不況時に以前と同様の成長規模を維持しようとしたことがまず挙げられる。次に，バブル経済崩壊後の1990年代前半停滞期に，日米貿易摩擦解消の一環として，アメリカの要求もあり，430兆円の公共投資を実施したにも関わらず景気回復に至らず，支出は増える一方で税収は増えなかったことが政府の財政赤字を拡大し，国債残高を一層増やす結果となった。国債を誰が保有するかに関わらず，償還期限を伴った民間に対する借金を野放図に拡大させるわけにはいかない。そうであるとするならば，当然のことながら，政府の財政のあり方を見直す必要が出てくる。

9.3　財政支出と収入のあり方の検討

9.3.1　財政支出

（1）　無駄な公共事業の抑制

　国土保全をはじめとする国民の生命安全を保証する以外の目的においては無駄な公共事業の多額な財政支出の必要はない。たとえば，カジノを誘致するリゾート構想である。外国人観光客誘致を目的としているといわれ，一時的には建設関連の受注により当該地域における経済効果を一定程度もたらすかもしれない。しかし雇用増など国民経済に及ぼす効果は一部の業界に限られるだけでなく，土地誘致造成費用を国家予算から支出するならば，国債支払額のつけをさらに拡大させることになる。公共事業の支出として最優先にすべきなのは，

未曾有の大災害（大震災，台風）によって甚大な被害を受けた地域の復興を支援し，国土を保全し被災地の人々の生命と生活を守る施策である。

(2)　社会保障給付の適正な配分

　図9.3で明らかなように，社会保障給付の増加は国家の財政を圧迫する大きな要因となっており，その抑制はいうまでもなく解決すべき重要な課題である。今後の医療費の抑制は，いかに国民が健康増進を自覚し，安易な形で医療費に頼らないかに依存する。そのために必要な情報の提供に政府は一層努める必要がある。また，生活保護の対象者の増加は，個人的事情に基づくものだけでなく，社会的環境に極めて起因するやむをえない場合が多く見られる。そのため社会的環境を改善すれば，生活保護対象世帯を抑制することが可能である。その点については，後に述べる。

(3)　防衛予算の再検討

　国民の生命安全と日常の生活環境の安定は最優先の課題であり，そのための防衛は必要不可欠である。要は，防衛のあり方をどのように考え，その対応を行うかである。すでに見たように防衛支出は1990年度予算の4.3兆円から2015年度には5.3兆円と1兆円増加した。増加自体も国家予算の圧迫要因となるが，問題はその内容である。まず，検討しなければいけないのは，近年の防衛予算の中心がどこに向けられているかである。アメリカからの航空偵察機の購入は多額に上り，顕著となっている。その購入の主たる理由として，東シナ海をはじめとするアジアにおける安全保障が強調されている。特に，中国に対する脅威は大きく取り上げられるが，そもそもこのような日本政府の行動は，他国に対する脅威とはなっていないのか？　中国政府の対応は必ずしも是認できないとしても，日本政府の主張も一方的ではないか？　その意味では，日本政府の外交努力とそのセンスが問われることになる。

(4)　教育予算の充実

　2015年11月の日本経済新聞，読売新聞，朝日新聞では，日本の公的教育支出の水準について次のような内容の記事を掲載している。まず，経済協力開発機構（OECD）加盟各国について，2012年における学校など教育機関への公的支出のGDPに占める割合は，OECD平均が4.7%であるのに対して，日本は3.5%であった。これは比較可能な32ヶ国中，スロバキアと並び最下位と

なっている。日本の国公立小学校の1学級当たり児童数は27人（OECD平均21人）で加盟国中3番目に多く，国公立中学校の1学級当たり生徒数は32人（同24人）で2番目に多い。また，物価の上昇率を勘案した国公立小中学校の勤続15年の教員給与は，OECD平均では増加傾向なのに，日本は2005年から13年の間に6%減ったと指摘されている。大学においても研究教育水準の国際競争力が叫ばれているが，優秀な人材を教職に引き付けるための条件整備を初等教育の時点からどのように進めるかがもっとも大きな課題である。

（5）　緊急な財政措置

　昨今の大災害や新型肺炎にみられる大規模なウィルス感染の広がりは，人々の生命のみならず多くの非正規労働者の生活，ならびに中小規模・個人の事業経営を脅かす。これらの人々・事業者に対する迅速かつ大規模な支援は必要不可欠である。その際，一国のみならず世界規模での協力協同も求められる。

9.3.2　財政収入

（1）　消費税税制による財源捻出の抑制

　すでに図9.4で見たように，租税負担率の大きいEU諸国は，租税負担率の低い日本やアメリカと比較して社会保障給付率は高い。要は，租税負担率を高くして社会保障給付を手厚くするか，社会保障は自己責任に任せて租税負担を少なくするかの選択となる。少子高齢化が進行する状況の下では，たとえ様々な形で医療費の抑制を図るとしても，一定水準の社会保障は避けられない。それでは，一定の社会保障水準に見合う租税負担を間接税・直接税（個人所得税・法人税）のいずれから捻出するしかない。日本政府は，1989年の消費税導入以来，財政再建という名目上の理由で，間接税である消費税に依存を強めている。しかし，過去の消費税引き上げによって，財政再建に効果はあっただろうか。残念ながら，過去3回（1989年，1998年，2015年）の消費税増税にもかかわらず，すでに述べたように政府の財政は悪化し，財源の国債依存度は高まりつづけている。特に2000年代以降の所得税減税，法人税減税は政府の財源減少をもたらした。2019年10月実施の第4回目の消費税増税（10%）では，この増税分の使途を目的化している。その内容は，社会保障給付の捻出，子育て教育支援，景気下支えのためのキャッシュレス支払いに対するポイント

付加などである。しかし，このような施策をとったとしても，現状の財政赤字を縮小させるには程遠く，将来は消費税20%，30% の引き上げが経済界の一部から囁かれている。このような状態が続けば低所得者層に税負担が重くのしかかるだけでなく，消費税の導入の最も大きな問題点として，直接税とは異なり，ともすれば政府が納税者である国民に対してのその税収の使途の説明責任を放棄してしまうことにある。では一方で消費税に財源を依存しないとしたら，法人税，個人所得税から直接税をどのように捻出するかも問題である。

（2）　企業優遇税制の再検討

　法人事業税率は2003年度の40.69% から，2014年には35.64% に減少した。さらに2015年度には法定税率は25.5% になった。アメリカ，カリフォルニア州は40.75% とかなりの額に達するものの，シンガポール17.0%，イギリス23.0%，韓国24.2% などの法人税率と比較すると高い[2]。この相対的な日本の法人税率の高さを経済界は法人税率引き下げの根拠としており，もし法人税の更なる引き下げが実施されなければ，企業は海外移転を一層進めるという。しかし実際は，大企業を中心として，税制上の特典によって，実際の実効税率は低くなっている。第一は，租税特別措置法に基づく優遇制度で，その結果，法人企業全体の実効税率は16.6% と法定税率を下回る。第二に，海外子会社等からの配当については，税率控除がさらに大きく，配当を含めた企業の収益に対する実効税率は極めて低いレベルになる[3]。たとえば，2008〜2012年の実効負担税率は，みずほフォールディングが0.52%，東京海上フォールディングスが0.40%，みずほ銀行が0.52% と異常に低い税金しか納めていない。第三に，海外子会社の事業で得た収益の多くをイギリス領バージン諸島，カリブ海のバハマ，ケイマンなどの租税回避地（タックスヘイブン）の金融機関にいわゆる事業実体のないペーパーカンパニーとして資金を預け入れており，2016年に公表された「パナマ文書」には，租税から逃れている企業の一部が報告された。また，法人のみならず各国の有力政治家などの個人もタックスヘイブンを利用した租税回避を行っていることも明らかとなったが，その多くが秘匿されているため，全容はまだわからない。それらの大企業の優遇制度の是正，租税回避の実態の解明が進めば，かなりの額の税収が見込まれると考えられる[4]。

（3）　日本の課税方式の再検討

　現在の所得税率は，高所得になるほど税率が高くなる累進税制が基本である。ところが，実際の税率は 2013 年時点では 200 万円以下が 2.6％，1000 万円以下 10.6％，1 億円以下 28.3％ で，1 億円以上から低下し，100 億円以上は 13.3％ となっている。この理由が，資産譲渡益，株式配当に対する課税は，2013年度までそれぞれ 10％ であり，日本の所得税制では配当に対する課税は，通常の所得とは別に所得申告が可能な分離課税方式をとっているためである。高額所得者ほど，累進性を持つ給与所得，報酬，年金の割合よりも資産譲渡益や株式配当に対する割合が高くなり，税率は低くなるという結果が生じた。2014年度以降の資産課税と配当課税は，それぞれ 20％，20.02％ となっており，100 億円を超える高所得者の税率も 20％ を若干超える水準に是正されていると考えられる。それにしても 1 億円を超える所得者の税率が低くなっている状況には変わりがない。1986 年度における最低税率は 10.5％，最高税率は 70％（地方税を含めると 80％）で税率の区分も 12 段階であったのが，現在は最低

個人の所得相続が課税されなかった例

　　消費者金融の最大手武富士は，2011 年 4336 億円の負債を抱えて事実上倒産した。故武富士社長の長男俊樹氏は，海外居住者（香港）として，父親の生前中に海外資産贈与を 1600 億円受けていた。この資産譲渡は納税すべきと国税庁から指摘を受け，俊樹氏は延滞税を含め約 1600 億円をすでに納付したが，生前贈与を受けた海外資産に約 1330 億円を課税するのは不当だとして取り消しを求めた訴訟の上告審判決が最高裁であった。判決は課税を適法とした二審・東京高裁判決を破棄，取り消しを命じた一審・東京地裁判決を支持した。国は利子にあたる「還付加算金」約 400 億円を上乗せしたうえ，総額約 2000億円を還付した。個人への還付として過去最高額とみられる。

　　訴訟では，海外居住者への海外資産贈与を非課税とした当時の相続税法に照らし，俊樹氏の住所がどこだったかが争われた。同小法廷は香港と日本の両方に居宅があった俊樹氏について，仕事以外も含めた香港での滞在日数の割合は約 65％，国内滞在の割合は 26％ だったとして「生活の本拠は香港だった」と認定。そのうえで「税回避が目的でも客観的な生活実態は消滅せず，納税義務はない」と結論付けた。

※ 2011 年 2 月 18 日付日本経済新聞掲載記事を編集。

税率 5％，最高税率 45％，税率区分は 5 段階と以前と比べて高所得者にはより
低い税率に変更されている。いまや様々な税制の変更によって逆進的性格を持
つ税体系に変わりつつある。そのうえ，すでに述べたように，株式譲渡所得，
株式配当に対する税率の低さが富裕層の税率をおさえる原因になっている。ま
た，コラム「個人の所得相続が課税されなかった例」にあるように，本来なら
ば日本で納めるべき多額の相続税が一定期間海外に居住していたという理由で
免除になっている。これら逃げていく税金を放置しておくと，国家の自立的運
営体制の基盤が崩壊していく。

（4）　法令制度の改善

　労働に対する規制緩和措置は，非正規労働者を拡大しただけでなく，正規労
働者においても労働時間の上限を設けない方向で法改正が進んでいる。また，
企業によっては法令を無視した形で従業員に長時間労働を強いた上で，残業に
対する対価を支払わないという事態が横行している。従業員が健康な生活を送
り，勤務時間に応じた適正な給与が支払われ，しかるべく税収が確保されるた
めにも，法律に基づく企業運営の監視強化が必要なだけでなく，労働法制の規
制緩和には歯止めをかけることが緊急に求められている。

　その際問題となるのは，企業間の取引において存在する交渉力の差である。
一部の大企業は，関係会社である下請け会社に対しては，自己の企業のコスト
増加を仕入れ単価の一層の切り下げという形でしわ寄せすることも考えられる。
そのようなコスト転嫁が行われると，中小規模の企業の経営は成り立たなくな
る。現行法制のもとでの監視が必要となる。

9.3.3　財政見直しにおいて生じる課題

（1）　国民的合意の課題

　国家財政の運営において，どの階層から徴税し，その税収をどの階層に再配
分するかは，当然のことながら，さしあたりは階層間の利害が伴う。それは所
得・資産階層の利害にとどまらず，年齢階層，世帯別，業種別によっても利害
は異なる。高齢者自身が健康に留意できるだけ社会参加に努めたとしても，
少子高齢化の進行による一定程度の社会保障費の増加は避けられず，その費用
は財政支出の増加とならざるを得ない。他方，社会保障の財源となる社会保険

料の確保のためには，若年層が安心して彼らの子供を育てることができる教育・保育所等の充実は必要不可欠である。政府の財源をどのような支出にどれだけの配分で振り分けるかは異なる年齢階層間の理解と合意が必要である。

　どの程度の長期的視野でどのような政策が望ましいかという客観的な情報を提供するのは政府の責任であるが，それ以上に国民全体の相互理解が何よりも重要であり，また次に述べるように，他国の国民の状況をも考慮せざるを得ない。

(2)　国際間連携の課題

　人・物・金が国際間で移動し，その移動の程度が強くなり，以前にもまして広がりを持つ現代においては，一国独自で経済運営を実施するのはもはや不可能になってきている。「アメリカファースト」を掲げるアメリカですら，その軍事力・経済力をもってしても他国の事情を無視した経済運営は不可能である。とりわけ，各国の国民の生活を損ねるような，国境を越えた富裕層による海外への税逃れや企業活動の規制に関しては，国際間の協調が不可欠となっている。

　このような国際協調の例では，2019 年 7 月 30 日の産経新聞によれば，国際的な課税逃れへの対策として，世界各国の金融口座情報が自動的に交換される「CRS（共通報告基準）」が実施されている。日本は 2013 年度から運用を開始し，国税当局は富裕層への監視を強めはじめている。すると，2013 年分の国外財産は総額 2 兆 5,142 億円だったのが，2014 年分は約 3 兆 6,662 億円までに膨れあがった。国税当局は，CRS で得た口座情報と国外財産調書などを突き合わせて分析することで，国内の富裕層が保有する海外資産を把握し，タックスヘイブン（租税回避地）などを利用した税逃れの解明を目指している。

　また，2019 年 11 月 4 日付けの京都新聞によれば，海外への税逃れ対策を強化するため，政府は 2020 年度に税制改正を行い，海外に保有する財産が 5000 万円を超える富裕層に対して，国外に保有する銀行預金の入出金記録などの保管を要請することで資産隠しを防ぐ法整備を目指している。対象となる企業または個人はすでに 1 万件を超えるとみられている。

9.3.4　政府は家計と同じか？

(1)　負債としての国債と通貨

　本章の冒頭で，政府の借金は，何が問題なのかという問いかけをした。特に，政府は家計と同様に究極的には借金をゼロにしなければならないのかということを改めて考えておく必要がある。まず，政府が発行する国債と我々が日常支払い手段として利用している紙幣とは共通点があるのだろうか？　それとも全く性質が異なるものなのだろうか？

　政府が資金調達のため発行する債務，すなわち国債は建設国債（4 条国債），特例国債，年金特例国債，復興債および借換債に分けられる。国債はまた，1年，3 年，5 年など一定の償還期限（返済期限）と利払いを伴い，それを保有する民間の法人，団体，個人に対して政府が負う負債となる。他方，紙幣，コイン（補助貨幣）を発行しているのは日本では中央銀行にあたる日本銀行で，通貨発行権を有している（日本銀行法第 64 条）。日本銀行は民間企業であり，日本銀行法第 5 条にも明記しているように建前上は独立性を有している。実体として，日本銀行が通貨発行権を含めて独立性も保っているか否かは後に検討することとして，少なくとも日本銀行は紙幣という手形を民間に対して発行している以上，その発行額分は民間に対して負債を負っていることになる。

　ただ，日本銀行法第 8 条では，出資金が 1 億円で，その約 55% が政府の出資によるものと定められている。その運営の最終的責任は政府が事実上負うことになり，日本銀行の負債は究極的には政府に帰着することにならざるを得ない。なぜならば，もとをたどれば 1885 年（明治 18 年）に当時の日本銀行が発行した日本銀行券である兌換銀行券は，この保有者が要求すればいつでも金貨に交換できるという性格を持っていた。その後，この日本銀行券は兌換性を持たない不換紙幣として法律上位置づけられたものの，最終的には民間の保有者に対する負債を有している。

　それでは，日本銀行は民間銀行でありながら政府の一機関と捉えるべきだろうか？　1997 年の日本銀行法改正によって法的には日本銀行は政府と独立した機関として保証された。銀行としての中央銀行は，政府の一機関として位置づけるべきか，独立した存在であるべきかについては，かつてより論争が続け

られてきた。日本銀行が法的に独立した存在として位置づけられているとしても，実態がそのようになっているかは検討を要する[5]。特に，2012 年の安倍政権発足以降は，事実上日本銀行は政府政策意向に即した政策実施がなされている。そのように考えると，通貨は日本銀行を介した政府の民間部門に対する借金とみなさざるを得ない。

　それでは，通貨も事実上民間に対する負債であるとしたら，国債との違いは償還の満期の有無ということになる。言い換えると，国債のみが政府が民間に負っている借金ではなく，我々が日常用いている通貨も日本銀行を介した政府の借金となる。その意味では，私たち個人が借金を継続することができないのとは，政府の借金は性質を異にしている。ただし，後に述べるように，政府が際限なく借金を拡大することは不可能である。

（2）　発行されている国債の保有実態と問題点

　考え方によれば，政府が発行する国債を日本銀行が保有して資金調達を行うこともありうる。しかしながら，現行の財政法第 5 条に基づき，日本銀行は政府が発行する国債を引き受けることが法律で禁止されている。ただ但し書きとして特別の事由がある場合，国会の議決を経た金額の範囲内では保有が認められている。いずれにせよ，国債の日銀引き受けは原則的に禁止されている。これは，第二次世界大戦前に政府が軍事資金を巨額に調達するため，際限のないとも言える日銀引き受けを実施した苦い経験に基づくものである[6]。多くの国民は，政府の保証というお墨付きのもとで，かなりの額の国債を購入したものの，敗戦によって政府の国債はただの紙切れとなってしまった。したがって，今日の平和時において軍事支出をまかなうための国債発行でなくても，借金の仕方とその規模によっては，深刻な問題発生の危険性を孕んでいる。

　それでは，政府が発行している国債は，誰が保有しているだろうか？　表 9.1 は，2009 年度末，2014 年度末，および 2019 年 6 月末のそれぞれの時点における政府が発行した国債の残高約 1137 兆円の保有者別内訳を示している。日本銀行の保有割合が 43.5%（494 兆円）と最も高く，生命保険・損保等 19.2%，銀行 15.2% と続く。その中で注目すべきは海外の保有比率が 12.5% を占めている点が挙げられる。また，政府が発行する国債を日本銀行が直接引き受けることは，特別な場合を除いて財政法によって禁止されているにもかかわら

表 9.1　国債および国庫短期証券の保有者別内訳の推移

保　有　者	2009 年度末		2014 年度末		2019 年 6 月末	
		割合		割合		割合
一般政府	15.9	1.9%	21.5	2.1%	3.2	0.3%
公的年金	77	9.2%	54.7	5.2%	43.1	3.8%
財政投融資資金	1.4	0.2%	3.1	0.3%	0	0.0%
日本銀行	74	8.8%	274.6	26.3%	494.1	43.5%
銀行等	395.7	47.2%	327.6	31.4%	173.1	15.2%
生損保等	151	18.0%	200.4	19.2%	222.9	19.6%
年金基金	28.2	3.4%	35.4	3.4%	31.8	2.8%
海外	46.7	5.6%	97.7	9.4%	145.3	12.8%
家計	33.6	4.0%	15.8	1.5%	13.2	1.2%
その他	15.7	1.9%	12.8	1.2%	10.1	0.9%
合計	838.9	100.0%	1,043.6	100.0%	1,136.9	100.0%

（単位：兆円，%）（資料）財務省債務管理レポート 2019 年版，および国債等の保有者内訳

ず，なぜ日本銀行の国債保有割合がこのように高いのだろうか？　2009 年度の日本銀行の国債保有割合は，7.5%（51.2 兆円）にとどまっており，その大部分は民間の金融機関等が保有していた。したがって，過去 10 年間に日本銀行の国債保有割合，額ともに急激に増加したことになる。この急激な増加は，2013 年度より顕著になる。その手法は，政府がまず国債を発行して，証券会社・メガバンク等の民間の金融機関が購入する形をとる。通常ならば，多額の負債残高を抱えている政府発行の証券を民間金融機関が引き受けることは避け，国債の価格は下がることになる。しかしその後，日本銀行が一定の価格で国債を買い取ることが保障されていれば，民間の金融機関は高い価格で国債を日銀に売却することができ利益を得る。つまり，民間の金融機関を介して，政府の発行した国債を結果として日本銀行が保有し，その額が巨額に達している。日本銀行が新たに保有した国債発行額分だけ市中への通貨増加となる。

　この通貨増は，日本経済にどのような影響を及ぼすのだろうか？　国内に生産のための余力が十分にあり，その通貨増加を吸収する生産増が実現すれば，経済成長をより高める原動力となり，税収増加が実現できるかもしれない。あるいは，生産増加を見込むことができなければ，増加した通貨に対応して諸商品の価格が上昇し，インフレーションが発生する。しかし，2010 年以降の日

本経済は，建設部門，IT 部門を除けば生産増加はそれほど見られず，他方イ
ンフレどころかデフレの状態が続いている。

(3)　日本銀行の政策は持続可能か？

　日本銀行は，年 2% の消費者物価上昇率を目標に上記のような大胆な金融政
策を実施した[7]。2014 年に一時的に 1.4% の物価上昇率となったのが過去 10
年間の最高で，依然としてデフレの解消には至っていない。このような日本銀
行の政策は持続可能だろうか？　政府の景気対策と物価上昇率 2% の目標を達
成するためには，さらに政府が発行する国債を事実上引き受けることを前提と
して，通貨に対する国民の信用が継続しなければならない。財政規律をなくし
て政府が無制限の通貨を発行し国民の信頼をなくした例は，第一次世界大戦後
のドイツ，第二次世界大戦後のいくつかのラテンアメリカ諸国など数多くある。
国債の価格が暴落したとしたら，民間銀行である日本銀行は多額の損失を被る
ことになり，その存続すら危うくなる[8]。

　政府の 2% 消費者物価上昇率目標の是非はさておき，重要な点は少子高齢化
の進行に伴い社会保障，教育，子育て等の必要な財源確保のために国債発行に
依存する部分がありながらも，その発行額には限度があるという点である。そ
のため，特定企業や特定の所得階層を優遇してきたこれまでの税制度を以前の
ような状態に戻すことによって国債以外にも財源確保を図っていく必要がある。

推薦図書

- 吉川　洋『人口と日本経済——長寿，イノベーション，経済成長——（中公
  新書)』中央公論新社，2016 年

　人口減少による少子化により，人出不足，財政赤字拡大，低成長など悲観的
な見方に対して，イノベーションを通じて長寿国を生かすメリットがあると強
調する。

- 山本章子『日米地位協定——在日米軍と「同盟」の 70 年（中公新書)』中
  央公論新社，2019 年

　日米安保条約に付随する米軍基地の使用を規定する日米地位協定の性格とそ
の改定の軌跡を通じて，日本がおかれている「地位」実態を描いている。

- 志賀　櫻『タックスヘイブン（岩波新書）』岩波書店，2013年／『タックスイーター（岩波新書）』岩波書店，2014年

　法の網の目を潜り抜け，税金逃れをするその真犯人は誰か？　それを放置すると国家の政策基盤が損なわれていく。その真相を突き止めようとしている。

- 上川龍之進『日本銀行と政治――金融政策決定の軌跡（中公新書）』中央公論新社，2014年

　日本銀行は，民間銀行で通貨発行権を有し金融政策を担っているにもかかわらず，その政策運営が独立性を奪われ，政治に左右されている状況を明らかにしている。

注

1)　沖縄米軍駐留に関わる経費，いわゆる「思いやり予算」は6000億円規模に達し，その額を含めると防衛関係費は約6兆円になる（山本章子（2019）『日米地位協定――在日米軍と「同盟」の70年』中央公論新社，p.138, 図5-3）。

2)　富岡幸雄（2014）『税金を払わない巨大企業』文藝春秋より。

3)　富岡（2014）前掲書 p.43。

4)　富岡（2014）前掲書 p.149 より編集。

5)　日本銀行の独立性をめぐる議論と政治との関係は，上川龍乃進（2014）『銀行と政治――金融政策決定の軌跡』中公新書が詳しい。

6)　国債の日銀引き受けは，高橋是清大蔵大臣によって1932年に実施され，その後の国債発行増をもって，高橋の放漫財政が巨額の軍備調達を招いたというマイナスの評価が一般的である。高橋はその後緊縮政策の実施も検討していたにもかかわらず，1936年の二・二・六事件によって銃弾の前に倒れた。詳細については，上塚司編（2013）『高橋是清　経済論』中公クラッシクス，pp.181-183 参照。

7)　政府と日本銀行は，2012年以降一貫して年2％の消費者物価上昇率実現によってデフレ脱却を最重点の目標とし，その根拠を説明しているが，なぜ2％なのかの理由の説明は理解しがたい。

8)　もう一つの大きな懸念は，国債の海外保有者比率の割合である。先に示したように，国債の保有者比率のうち海外の投資家等が保有する比率は2019年6月末時点で12.5％に達しており，2009年度末の5.6％から徐々にその比率を上げている。この比率は，ドイツ50％台，アメリカ30％台，イギリス25％前後と比較すると高くない。2009年の金融危機にみまわれ，対外債務不履行に陥ったギリシャの国債の海外保有者比率は80％を超えていた。日本の国債の海外保有者比率が低いことを根拠に，日本の国債残高が高くとも問題はないという意見も少なからずある。しかし，同時点での海外保有者の国債保有額は145兆円に達しており，このうちかなりの額を海外投資家が投売りしたら，国債の暴落を招く可能性もあり，日本銀行の運営に大きなダメージを与える。

第10章
持続する経済成長の可能性

10.1　将来社会を展望する視点

10.1.1　生活をめぐる様々な経済社会の課題

　本章では，将来の人々の生活を具体的に考察することで，改めて経済と社会の関係を捉えることとする。

　現在の社会では，社会構成員が必要とする財・サービスをニーズと呼ぶ。将来，増大が予想される生産物（財・サービス）へのニーズとして，さまざまなものを挙げることできる。第一に，老齢などによって，人々が就業できない期間の支援の問題である。特に，人口減少と高齢化が同時に急速に進む社会である日本では，医療と介護のニーズが急激に高まることが予想されている。第二に，近年，世界中で大規模な河川氾濫，森林火災等の自然災害が多発している。毎年の自然災害を想定し，防災対策や災害時の復旧のための投資を行わなければならない。第三に，環境問題の観点から CO_2 排出量の削減が求められており，再生可能エネルギーの普及やそれらに関連した新技術の導入および開発のための投資を行う必要がある。第四に，就業者増加にかかわる問題である。第2章でも述べたように，日本国内であれば，だれもが同一の労働条件や生活条件で就業し生活する権利がある。その環境を整えるために，たとえば，外国人労働者やその家族を対象とした日本語学習の支援を行うための投資は必要であ

ろう。第五に，子育ての費用を，育ての親等の個人に負わすのではなく，社会で広く協力する仕組みを構築することである。子どもの養育費用が個人の負担として求められる社会では，当然の帰結として，少子化が進展する。もし，少子化を防ぐ手立てを考えるのであれば，こうした負担を軽減することが必須である。子どもの医療の負担軽減はその一例である。それに加えて，保育サービスを含む初等・中等・高等教育までの無償化は当然，その射程に入るべきである。

　日本の将来を展望すると，さまざまな課題が浮かび上がってくるため，以下では，人々が就業できない期間の支援の問題と年金を受け取る時期に焦点を合わせてみる。この課題に焦点を合わせた理由は，とくに，少子高齢化を原因とする就業者の減少と，就業が難しい高齢者のニーズの増加が同時に生じることによって，労働力不足という深刻な問題が顕在化するからである。

　さて，2019 年に国会で焦点となった公的年金制度の持続性の議論[1]については，年金を受け取ることができる年齢（65 歳以降）になった際に，充分な年金を受け取ることができるか否かという点が関心を呼んだ。年金を受け取る年齢になると，就業が困難となり，さらに医療・介護のニーズも増大するだろうから，公的年金制度の持続性は非常に重要な問題である。このような資本主義（資本制）社会では，個々人が保有している金額の多寡や公的年金制度の受取り金額が重要だと考えがちだが，より重要な論点が高齢化を迎える日本社会には隠されていると筆者は考える。それらの重要だと考える諸点について以下で整理してみよう。

　第一に，身体的な衰えが生じ，他者からの助けが必要になった際に，そのニーズに対応した介護サービスを受けとれる仕組み（公的介護保険制度のような公的な介護提供サービス制度）が存在することが重要である。

　また，介護が必要になる際には，通常，就業ができず，無収入となる。そのため，第二に重要な点としては無収入となっている状態でもニーズを充たすことができる制度が存在することである。当然，利用料等の自己負担は，年金の範囲の内か，無料が望ましい。

　よく考えれば，このことは，介護だけにかぎらない。食糧，衣類，住居，教育など，生活するために必要な生産物，財・サービスが生産されて，就業でき

ない人も含めて必要な人々全員に提供されていなければならない。まだまだ多くのニーズが社会には存在する。

　現状では，高齢のために就業できない人々を金銭面で支援する仕組みが，老齢年金といわれる公的年金制度であることがわかる。将来の公的年金制度の維持のための検証（「2019 年財政検証」）が，政府や関連する機関によって 2019 年夏に行われた。この検証の内容は，本質的には，就業できない人たちの消費する財・サービスを含めたすべてのニーズと，そのニーズに対応した将来の生産能力（検証でいう将来の実質 GDP）の規模とを比較するものであった。

10.1.2　将来の経済社会分析のための概要

　以下では，将来，増大すると予想される医療・介護，自然災害対策，再生エネルギーの普及等のニーズに焦点を当て，その増大の程度について検討する。次いで，医療・介護のニーズの増大が，それ以外の財・サービスの消費に対して与える影響をみる。将来にわたって，財・サービスの一人当たりの消費量を維持するためには，労働生産性の上昇とともに，就業率（15 歳以上人口に占める就業者数の割合）の増大が必要不可欠である。そこで，本章では，前者については，具体的な生産性上昇率を試算していく。後者については，「2019 年財政検証」の試算のもとになった労働政策研究・研修機構［2019］「労働力需給の推計」[2]（特に断りのない場合，以降，「労働力需給の推計」と呼ぶ）を検討することで，日本の就業率の想定が他国と比しても高い水準にあることを指摘し，いくつかの検討すべき論点を提示する。「労働力需給の推計」では，いくつかのケースに基づく成長シナリオが想定されているが，以降では，最も厳しい想定であるゼロ成長のもとでの将来の就業者数に着目して検証を行う。

　「労働力需給の推計」では，将来に最大で生産できる生産物の量 Y^s を実質 GDP と呼んで試算している。この Y^s は（1）式で示されるように，ある時点での Y を就業者数 L で除した労働生産性（$y = Y/L$）と，実際に就業した人 L が 15 歳以上人口 N_{15-} に占める割合（$l = L/N_{15-}$ と定義し就業率と呼ぶ），15 歳以上人口を用いた式で表される。

$$Y^S = \frac{Y}{L} \times l \times N_{15-} \tag{1}$$

たとえ15歳以上人口が一定であっても、就業率 l が高ければ高いほど、同時に労働生産性が高い水準であればあるほど、この最大で将来生産できる生産物の量 Y^S が高い水準となる。

他方で、就業している人たちが消費する財・サービスの量を C^L として、高齢などや15歳以下であるために就業していない人たちの消費する財・サービスの量を C^{NL} と呼ぶ。ほか、企業が生産能力を増大させるための機械などの設備投資を I とすれば、国際経済関係を考慮に入れない場合には、社会全体の需要総計（消費プラス投資）は以下の式の右辺で示すことができる。

$$Y^S \geq C^L + C^{NL} + I \tag{2}$$

右辺の需要の各項目の合計は、左辺の最大生産量 Y^S を超えないということを表している。第6章6.2節の議論では、日本の戦後の実質GDPの成長率に対して、主に、上式の需要（右辺）の各項目が果たしてきた役割を議論してきた。特に、設備投資については、新規投資が実施された当該年では、機械や工場等の新規建設のための資材等の購入がなされるため、需要を拡大する効果を見込むことができる。さらに、機械の据え付けが終わり、工場が実際に稼働する時期以降は、最大生産能力を向上させる効果を持つことも紹介している。以降の節では、10.2節において、社会全体の需要総計と、そのうちの高齢化によるニーズとしての需要 C^{NL} の増大の程度を推計する。10.3節においては、今後新たに増大していくと予想される自然災害への対応および再生エネルギーの普及のために必要な就業者の人数やその内容を検討する。10.4節では、予想される将来の最大で生産できる生産物の量 Y^S について推計を行うとともに、10.2節でみた社会全体の需要総計との関連について検討する。

10.2 医療・介護の需要に関する予測

本節では、医療・介護のニーズに関する試算をまず紹介していく。表10.1

表 10.1　医療・介護における将来の需要の独自試算5)

		2010 年 （実績値）	2030 年 （予測）	2040 年 （予測）
需要額	医療	374,202	417,233	411,203
	介護	70,654	133,712	150,333
指数	医療	1.00	1.11	1.10
	介護	1.00	1.89	2.13

（単位：億円（2010 年価格），倍率）
（資料）：厚生労働省（2009，2010）「介護給付費実態調査」，厚生労働省
（2011，2012）「国民医療費」，社会保障人口問題研究所「日本の将来推
計人口（平成 24 年 1 月推計）」，国立社会保障・人口問題研究所「日本
の将来推計人口（平成 29 年 1 月推計）」

表 10.2　「労働力需給の推計」による労働者数と就業者数の予測

		2010 年 （実績値）	2017 年 （実績値）	2030 年 （予測）	2040 年 （予測）
全産業の就業者	ゼロ成長	6298	6530	5808	5245
	ベースライン	6298	6530	6124	5644
	成長実現	6298	6530	6366	6024
全産業の労働者	ゼロ成長	6632	6720	6080	5460
	ベースライン	6632	6720	6349	5846
	成長実現	6632	6720	6553	6195
失業率	ゼロ成長	5.3%	2.9%	4.7%	4.1%
	ベースライン	5.3%	2.9%	3.7%	3.6%
	成長実現	5.3%	2.9%	2.9%	2.8%

（単位：万人，%）
（資料）：独立行政法人労働政策研究・研修機構（2019）「労働力需給の推計——労働力需給モデル
（2018 年度版）による将来推計——」資料シリーズ 209 号の図 2-1 および図表 2-2 より筆者作成。

は，2010 年の一人当たりの需要額を基準にして，将来，2030 年と 2040 年の人
口構成割合の変化，主には高齢化を加味すると，どの程度，医療・介護の需要
が増大するかをみたものである。この表 10.1 の下段によれば，2010 年の医療
と介護の費用を 1 として，2030 年の医療は 1.11 倍に増大し，介護では 1.89 倍
に増大することがわかる。その後，2040 年の医療は 2010 年比で 1.1 倍にとど
まるのに対して，2040 年の介護は 2.13 倍にまで増大する。

表 10.3　医療・福祉の就業者数の独自の予測

	2010 年 （実績値）	2030 年 （予測）	2040 年 （予測）
医療	3,406,204	3,797,897	3,743,012
介護	1,550,468	2,934,232	3,298,973
その他の福祉	686,998	1,300,131	1,461,744
合計	5,643,670	8,032,261	8,503,729

（単位：人）
（資料）：表 10.1 の資料に加えて，総務省「接続産業連関表平成 12-17-23
年」の雇用表を使用。
（注）：2010 年の就業者の実績値の数値は，2005（平成 17）年と 2011（平
成 23）年の数値の年変化率を計測し，その変化率を用いて，2011（平成
23）年から 1 年分の変化分を控除したものを 2010 年の数値としている。

　次に，支える立場の労働者数と就業者数についてみてみよう。表 10.2 に掲
げている労働者数と就業者については，就業率や労働参加率（15 歳以上の人
口に占める労働力人口の割合）の上昇の度合いに応じて分類しており，それぞ
れ「ゼロ成長・労働参加現状シナリオ（以降，「ゼロ成長」シナリオと呼ぶ）」，
「ベースライン・労働参加漸進シナリオ（以降，「ベースライン」シナリオと呼
ぶ）」，「成長実現・労働参加進展シナリオ（以降，「成長実現」シナリオと呼
ぶ）」という 3 つのシナリオに区分した数値を掲載している。「労働力需給の推
計」によれば，これら 3 つのシナリオの算出の根拠は，労働参加率や経済成長
を促す独自の追加政策（すべて 17 の政策[3]）の有無や比重のつけ方に基づい
ている。たとえば，2017 年時点に比して 2030 年時点での健康長寿産業市場に
おける追加投資需要は，37 兆円増大するというものである。「成長実現」シナ
リオでは，投資額が全額支出されることを想定し，「ベースライン」シナリオ
では，半額の支出を想定していた[4]。最後に，「ゼロ成長」シナリオでは，こ
のような追加的な需要はなく，医療・介護の高齢化に伴う費用増分だけを需要
増として取り扱っている。
　表 10.3 には，2030 年と 2040 年における医療・福祉の就業者数の筆者の予
測が示されている。ここでいう福祉とは，介護，保育所，児童相談所などの対
人サービスを含むものである。介護以外の福祉を，以降，その他福祉と呼ぶ。
この表によれば，2010 年時点の医療・福祉の就業者数は，564 万人であった。

表 10.4　医療・福祉の就業者数と全就業者に占める割合の予測

		2010 年 （実績値）	2017 年 （実績値）	2030 年 （予測）	2040 年 （予測）
医療・福祉	ゼロ成長	656	807	894	910
	ベースライン	656	807	913	927
	成長実現	656	807	943	974
医療・福祉	ゼロ成長	10.4%	12.4%	15.4%	17.3%
	ベースライン	10.4%	12.4%	14.9%	16.4%
	成長実現	10.4%	12.4%	14.8%	16.2%

（単位：万人，％）
（資料）：表 10.2 と同じ資料の図表 2-4 を使用。
（注）：上段は，就業者数。下段は，全就業者に占める医療・福祉の就業者数の割合。

　他方，同じ医療・福祉の就業者を，「労働力の需給の推計」では，表 10.4 のように予測している。この表によれば，2030 年と 2040 年の医療・福祉の就業者数の予測は，就業者が一番少ないゼロ成長シナリオのケースで，894 万人（2030 年）と 910 万人（2040 年）であり，2010 年比でそれぞれ 1.36 倍（2030 年）と 1.38 倍（2040 年）とそれぞれ見込んでいた。表 10.3 と表 10.4 とを比較すると，2010 年の数値でみた各年の倍率は，前述した 3 つのシナリオ（ゼロ成長，慎重，成長戦略）の各年次（2030 年と 2040 年）の数値において表 10.3 の数値をいずれも上回っている。このことから，2010 年の医療サービスや介護サービスの一人あたりの消費水準は，ゼロ成長シナリオであっても少なくとも維持されていることが確認できる。

　ただし，表 10.4 の下段にある 2040 年の医療・福祉の就業者が全就業者に占める割合をみると，ゼロ成長シナリオで医療・福祉が高い割合を示しており，その分，一人当たりの医療・福祉以外の財・サービスの消費量が低下する可能性を示唆している。実際に，就業者数の予測数が一番少ないシナリオであるゼロ成長シナリオの数値（表 10.5）をみてみると，最下段の産業全体の就業者数は，2017 年の実績値の 6530 万人から 2040 年の予測値である 5245 万人まで減少している。

　医療・福祉（または医療・介護）のニーズの増大は，高齢化の進展と共に避けられないことである。それらニーズの増大に応えるためには，医療・福祉の

表 10.5　産業別就業者数と構成割合（ゼロ成長・労働参加現状シナリオ）

産業名／年次	就業者数 (万人)		構成割合 (%)	
	2017 年 (実績)	2040 年 (予測)	2017 年 (実績)	2040 年 (予測)
農林水産業	218	102	3.3%	1.9%
鉱業・建設業	493	272	7.5%	5.2%
製造業	1009	803	15.5%	15.3%
食料品・飲料・たばこ	143	131	2.2%	2.5%
一般・精密機械器具	134	124	2.1%	2.4%
電気機械器具	136	117	2.1%	2.2%
輸送用機械器具	121	89	1.9%	1.7%
その他の製造業	475	342	7.3%	6.5%
電気・ガス・水道・熱供給	29	25	0.4%	0.5%
情報通信業	207	56	3.2%	1.1%
運輸業	324	307	5.0%	5.9%
卸売・小売業	1117	830	17.1%	15.8%
金融保険・不動産業	256	234	3.9%	4.5%
飲食店・宿泊業	333	293	5.1%	5.6%
医療・福祉	807	910	12.4%	17.3%
教育・学習支援	311	296	4.8%	5.6%
生活関連サービス	154	123	2.4%	2.3%
その他の事業サービス	411	318	6.3%	6.1%
その他のサービス	471	420	7.2%	8.0%
公務・複合サービス・分類不能の産業	391	257	6.0%	4.9%
産業計	6530	5245	100.0%	100.0%

（資料）：表 10.2 と同じ資料（図表 2-6）を使用。

就業者の増加を試みた場合どのような結果をもたらすかを確かめる必要がある。労働生産性が一定で推移するとすれば，その増大によって医療・福祉以外の財・サービスの生産は，減少せざるを得ない。そこで，次節では，医療・福祉以外の財・サービスのニーズについても検討し，将来の社会全体のニーズの動向をみることにしよう。

10.3　様々なニーズへの対応

10.3.1　自然災害などの環境問題への取り組み

　2012年から2017年までの自然災害による被害総額は，表10.6によれば，年平均6319億円であった。これら被害の復旧のために，筆者の概算では，建設業を中心に，災害の復旧に直接従事した人々と，復旧のための資材などの原材料の生産まで含めて関わった就業者が，約10.1万人であったことが明らかになった[6]。加えて，表10.6によれば，東日本大震災を含めた2011年の被害総額は6兆4187億円であった。この規模の災害が発生した際には，113.9万人の就業者が復旧のための作業に従事していたことがわかった。以上をまとめると，2012年以降に平均して生じてきた災害の復旧のためには，建設業を中心に10万人規模の就業者が必要であった。もし，仮に今後，東日本大震災規模の災害が発生した場合には，100万人を超える就業者が追加で必要となるわけである。加えて，学校や病院等の公共施設の耐震化や，近年急増している河川の氾濫などに備えた防災力の強化にも同様の追加的な就業者が毎年必要となる。

10.3.2　新しい再生エネルギーへの投資割合の拡大

　第2章では，増大する CO_2 排出量の問題を取り上げた。生産活動の際に生じる CO_2 などの負の生産物を縮小していく技術の開発や，その導入のための設備投資は，今後，必須となるだろう。将来の日本社会で考えるべき諸点は，第一に，CO_2 排出量がより少ない新しい電源の普及のための設備投資を実施することである。第二に，このような新しい電源の開発のための研究開発費の支出増であろう。近年，気候変動を抑制する立場から CO_2 排出量削減を推進することが求められている。多くの CO_2 を排出する化石燃料を用いての発電，特に石炭発電は，多くの先進国で期限を決めて全廃を決定している[7]。資源エネルギー庁が公表している資料「平成30年度の総合エネルギー統計速報」によれば，2018年度の日本の石炭発電による発電電力量は，32万6200 GWhである。この発電電力量を環境負荷の小さい再生エネルギーで代替した場合には，新たな就業者が必要となる。この数値は，新規の設備の建設と維持・運営にか

表 10.6　自然災害による被害状況（2011 年から 2017 年）

区分	人的被害（人）				建物被害（棟）	
	死者	行方不明者	負傷者		住家被害	
年次			重傷	軽傷	全壊	半壊
2011	17,051	2,942	1,574	7,217	129,227	256,994
2012	189	3	996	1,908	553	3,165
2013	166	7	644	1,337	264	2,328
2014	272	8	964	2,457	367	1,145
2015	64	1	368	778	123	7,264
2016	293	4	1,473	2,367	9,286	36,709
2017	127	2	455	1,054	366	2,294

区分	その他			り災世帯数（世帯）	り災者数（人）	被害総額（億円）
	学校（箇所）	橋りょう（箇所）	河川（箇所）			
年次						
2011	5,582	726	12,371	243,898	142,417	64,187
2012	1,134	146	5,957	17,048	27,210	3,972
2013	978	140	8,472	8,392	17,691	3,659
2014	889	105	5,543	8,442	13,874	3,923
2015	1,277	105	3,374	10,422	23,857	2,810
2016	1,594	347	7,124	85,190	60,880	17,553
2017	1,185	220	8,678	7,338	14,892	5,994

（資料）：消防庁（2018）「消防白書平成 30 年」等，各年の消防白書より作成。
URL：https://www.fdma.go.jp/publication/hakusho/h30/#cat_3832（2019 年 12 月 9 日アクセス）
（注 1）：自然災害とは，暴風，豪雨，豪雪，洪水，高潮，地震，津波，その他の異常な自然現象をいう。
（注 2）：各年の被害状況は翌年の白書で掲載された数値。

かる就業者を，機械減耗分・資材などの原材料分まで考慮したものである。表
10.7 によれば，地熱発電で代替した場合には，約 32 万人または 33 万人の就
業者が必要となる。小水力発電の場合では，約 60 万人となる。ただし，2018
年度時点の石炭発電のために必要な就業者を考慮すれば，この純増分はやや減
少するだろう。一方で，表 10.5 にあるように，2040 年には電気・ガス・水道，
熱供給産業の就業者は 29 万人となることが想定されていた。再生エネルギー
導入の場合には，就業者は大幅に増大することが予想される。

表 10.7　再生エネルギー発電の直接・間接の労働量

対象となる再生エネルギー発電技術の種類		建設のための労働量(1GWh 毎の人年)	運営・維持のための労働量(1GWh 毎の人年)	合計(1GWh 毎の人年)	2018 年度の石炭発電による発電電力量(GWh)	石炭発電に代わる発電を行うための直接・間接の労働量(人年)
太陽光発電	住宅用	2.10	0.63	2.73	326,200	890,526
	小規模産業用	1.88	0.44	2.33	326,200	760,046
	大規模産業用（屋根設置）	1.45	0.97	2.43	326,200	792,666
	大規模産業用（地上設置）	1.71	1.13	2.84	326,200	926,408
風力発電		0.94	0.95	1.89	326,200	616,518
地熱発電	大規模ソフラッシュ	0.67	0.37	1.04	326,200	339,248
	小規模ソフラッシュ	0.67	0.35	1.01	326,200	329,462
小水力発電		1.27	0.58	1.85	326,200	603,470
メタン発酵ガス化発電	木質	0.39	3.50	3.89	326,200	1,268,918
	下水汚泥	1.30	1.72	3.01	326,200	981,862
	家畜排せつ物	1.96	2.92	4.88	326,200	1,591,856
	食品廃棄物	1.61	3.43	5.04	326,200	1,644,048

（資料）：森泉由恵・本藤祐樹・中野諭（2017）「再生可能エネルギーと雇用創出ポテンシャル」，*Journal of the Japan Institute of Energy*, **96**；資源エネルギー庁（2019）「平成 30 年度の総合エネルギー統計速報」。
（注 1）：2018 年度の石炭発電の発電電力量は資源エネルギー庁より。その他の再生エネの発電技術別の直接間接労働量は森泉・本藤・中野（2017）を参照のこと。他は，筆者が試算。
（注 2）：単位の人年とは 1 年間の人数換算の労働量である。

10.3.3　外国人労働者やその家族の就労の条件の確保

　外国人労働者を日本に受け入れる前提として，日本語教育の機会を確保することが重要である。文部科学省によれば，小学校，中学校，高等学校等で日本語指導が必要な児童生徒は，4 万 3947 人（2018 年度）であった。2 年前の2016 年度では 3 万 7095 人であったが，2016 年度から 2018 年度にかけて 6852人増大したことになる。では，この日本語教育のために必要とされる教員数を試算してみよう。もし，現行の 4.4 万人の児童生徒に対して，35 人のクラスに教員 1 名[8]という体制を目指すならば，約 1257 人の教員が必要となるはずである。加えて，この 2 年間の増大分を考慮すると，年間約 100 人の教員の増員が必要であることがわかる。ただし，日本語に対するニーズは，児童生徒ばか

りではない。たとえば，児童生徒の家族もそうである。児童生徒以外の国内の
日本語学習者数は24万であるという。今後，出入国管理および難民認定法が
改正され，新たな在留資格「特定技能」が創設（2019年4月施行）されるた
め，日本語学習へのニーズが増大することが予想される[9]。

10.3.4 教育保障のための取り組み

2020年度の文部科学省の国の予算要求では，教育の無償化に向けていくつ
かの政策が提示されている。高等教育（大学，高等専門学校，専門学校）の無
償化は，公私立幼稚園・保育所・認定こども園，小学校，中学校，高等学校等
の一連の教育と同様に重要であり，いわゆる親の養育費用負担を軽減する効果
を持つ。これらの政策では，給付対象となるためにはさまざまな条件をクリア
する必要がある。多くの課題[10]を残しているが，子育ての負担を親などの個人
のみに負担させるものから，社会全体で広く受けとめる制度へと変わったこと
をきっかけにして，少子化の歯止めの効果を持つもののはずである。保育所の
サービスの増大分を10.2節においてすでに福祉部門に含めて試算している。
これらニーズに応えるための保育所・幼稚園・こども園の就業者数の増加など
の試算は今回は行わないが，保育士の人手不足が深刻化しており，増員をしな
ければならない状況であることは確かである。たとえば，厚生労働省が調査し
ている保育所等の待機児童数は，2018年10月時点で4万7198人[11]であった。
たとえ幼稚園・保育所の無償化が進展しても，実際には，保育サービスを受け
ることができないという深刻な課題が残っているわけである。

10.4 必要な生産物を生産するための生産性成長率

ここで，現在の一人当たり消費水準を考えてみよう。その消費額の品目別構
成割合をみると，さきほどまで議論してきた医療・福祉だけではなく，米，パ
ン等の食糧や衣類，住居等などさまざまなものがある。前節において，医療・
福祉の分野について，将来のニーズの増大による就業者数の増加分のみを試算
してきた。総労働力人口が一定であれば，必然的に，医療・福祉以外の産業の
就業者は，減少することになる。実際に，表10.5を使ってこのことを確かめ

るために，2017 年時点（実績値）で医療・福祉以外で就業する就業者を試算
すると，5723 万人（6530 万人 − 807 万人）であった。2040 年時点の医療・福
祉以外で就業する就業者は 4335 万人（5245 万人 − 910 万人）に減少すること
が予想される。この就業者数の減少の程度によっては，仮に公的年金制度が充
実し，医療・介護を十分に受けることができたとしても，その他の財・サービ
スを十分に消費することができないかもしれない。そこで，以下では，2040
年時点で医療・福祉以外の財・サービスの 1 人当たりの消費量を 2017 年と同
量だけ確保するために，2040 年までに労働生産性（より具体的には，医療・
福祉以外の財・サービスの生産量を当該産業の就業者数で除したもの）をどの
程度，上昇させればよいかについて検討することにしよう。この労働生産性の
上昇は，同じ就業者数で，より多くの生産物を生産できるようになることを意
味する。言い換えると，特定の生産量を生産するための就業者数が減少するこ
とでもある。そのため，就業者数減少を補うための試算として，労働生産性の
上昇率を計測するわけである。

　以上の考え方を式にまとめると以下のようになる[12]。

$$就業者の不足分 + 2040 年の就業者数$$
$$= 2040 年時点で 2017 年と同水準の消費を行うために \qquad (3)$$
$$必要な就業者数$$

　(3) 式の右辺は，2017 年時点の 1 人当たりの消費量と同水準の生産物を生
産するために必要な就業者数で，5007.6 万人である。この数値は別途，独自に
計算した。同じ (3) 式の左辺の第 2 項は，「労働力需要の推計」の「ゼロ成
長・労働参加現状シナリオ」の就業者数を引用した（本章の表 10.2 に掲載）。
次いで，(3) 式に具体的な数値を当てはめてみよう。今回の場合，2040 年の
就業者は 4335 万人と予想されているため，672.7 万人（5007.6 万人 − 4335 万
人）の就業者分が不足することになる。この具体的な試算を改めて (3) 式に
沿って示すと以下のようになる。

$$就業者の不足分 + 4335 万人 = 5007.6 万人 \qquad (3')$$

　ただし，(3') 式の左辺第 1 項の就業者の不足分は，完全失業者数を考慮せ

ずに計算している。「労働力需給の推計」では，2040 年時点で完全失業者を
223.8 万人と見込んでおり（表 10.2 の労働者数と完全失業率より），就業者の
不足分を完全失業者数の就業によって一定程度補うことができる可能性もある。
しかし，実際には（3′）式からわかる就業者の不足分を，この完全失業者が全
員就業することによってもすべて補うことはできない。そこで，この就業者の
不足分（672.7 万人）を労働生産性の上昇のみによって補う場合について試算
すると，医療・福祉以外の労働生産性を年率 0.63% 増大させればよいという
ことがわかった。

　なお，「労働力需給の推計」においても，2017 年から 2040 年にかけて労働
生産性上昇率を年率 1% と想定[13]しており，医療・福祉以外の労働生産性の年
率 0.63% の上昇は達成可能であることがわかる。また，この年率 1% の労働
生産性の上昇という数値は，1990 年から 2007 年にかけての日本の医療・福祉
以外の労働生産性が実績として年率 1.96%[14]であったことからも十分に達成可
能な数値であるといえる。

　加えて，この年率 1% の労働生産性（医療・福祉以外）の上昇率が実現する
ということは，2040 年時点で医療・福祉以外の就業者 5499.8 万人を確保する
ことと同等の意味を持つ。2040 年において 2017 年時点と同水準の一人当たり
消費を行うためには，5007.6 万人の就業者が必要であった。このことから，
492.2 万人分（5499.8 万人 − 5007.6 万人）の財・サービスの生産をするための
余力があること明らかになった。さて，10.3 節で試算したような再生エネル
ギーの導入の際には，60.3 万人の就業者増を図る必要がある。しかし，そもそ
も労働生産性上昇率が年率 1% 以上であれば，この上昇によって生じる 492.2
万人分の余剰労働力から充てればよい。

　以上から，「労働力需給の推計」やその研究を参考にして試算した「2019 年
財政検証」の議論において，もっとも厳しい想定である「ゼロ成長・労働参加
現状シナリオ」であっても，社会構成員の一人当たり消費水準について 2017
年時点のものを維持しつつ，経済の持続を図る解決策が存在するのである。次
いで 10.5 節では，就業率の増大の可能性について検討することにしよう。

必要な生産物を生産するための労働生産性上昇率の推計方法

　ここでは，2040年時点において，医療・福祉以外の財・サービスの1人当たりの消費量を2017年と同量だけ確保するために，2040年までに労働生産性（より具体的には医療・福祉以外の財・サービスの生産量を当該産業の就業者数で除したもの）をどの程度，上昇させればよいかを考察する。以下はその具体的な検証のプロセスである。

　まず，記号の定義であるが，一人当たり生産量を労働生産性と呼び，

$$y = \frac{Y}{L} \tag{1-1}$$

とする。ただし，Y は医療・福祉以外の生産物の総量（価格はある年で固定）であり，L は医療・福祉以外の就業者数である。なお，今後でてくる右下の添字は西暦を表し，それぞれ2017年と2040年を用いている。考察すべき問題とは，就業者が減少する状況で，労働生産性 y をどの程度，向上させるかという問題である。ここで，2040年時点で必要となる医療・福祉以外の財・サービスの総量 Y_{2040} は，2017年時点の医療・福祉以外の財・サービスの消費量を人口比（N_{2040}/N_{2017}）で縮小するものとする。なお，N は人口を示す。この人口比での縮小という措置は，2017年の一人当たり消費量を2040年でも消費できる場合を考察するためのものと言い換えることができる。これらの計算は以下の式の右辺で示している。

$$\frac{N_{2040}}{N_{2017}} \times y_{2017} \times L_{2017} = \frac{N_{2040}}{N_{2017}} \times Y_{2017} \tag{1-2}$$

上式の左辺は，右辺の2017年時点の医療・福祉以外の財・サービスの産出量を，2017年時点の人口と労働生産性を使って書き直したものである。上式の左辺の産出量を，2040年時点の就業者数 L_{2040} の元で生産する場合には，2017年時点の労働生産性からさらに技術を改善する必要がある。その程度を示したものが，以下の式の左辺である。

$$(1+n)^{2040-2017} \times y_{2017} \times L_{2040} = \frac{N_{2040}}{N_{2017}} \times y_{2017} \times L_{2017} \tag{1-3}$$

なお，右肩にある添字は累乗を示す。これを整理し，労働生産性の変化率 n を求めると以下のようになる。

$$n = \sqrt[23]{\frac{\frac{N_{2040}}{N_{2017}} L_{2017}}{L_{2040}}} - 1 \tag{1-4}$$

2017年と2040年における具体的な就業者数 L や人口縮小比の数値を代入すると，以下のようになる。

$$n = \sqrt[23]{\frac{0.875 \times 5723}{4335}} - 1 = 0.0063 \qquad (1\text{-}5)$$

　　以上の計算から，2040 年に 2017 年時点と同水準の一人当たり消費を行うために不足する労働力を補うための労働生産性の上昇率は，上式の左辺の $n = 0.063$ であることが明らかになった。この n の経済的な意味とは，2040 年の医療・福祉以外の就業者数で，2017 時点と同量の一人当たり消費量（医療・福祉以外の財・サービスに関する）を達成するために，医療・福祉以外の労働生産性を年率 0.63%（0.063×100）増大させればよいということである。

10.5　必要な生産物を生産するための就業率

　　前節までは，「労働力需給の推計」で想定した 3 つのシナリオの内でもっとも厳しい経済環境である「ゼロ成長・労働参加現状シナリオ」（2017 年の就業率が 2040 年まで継続する）を前提にし，労働生産性の上昇によって労働力不足を解消する方法について検討してきた。しかし，3 つのシナリオの内の「成長実現・労働参加進展シナリオ」では，2040 年時点で男女の性別，年齢別を問わず，15 歳以上の人口に占める就業者数の割合である就業率が上昇するという想定がなされている。特に，女性の就業率の上昇の幅が大きい。たとえば，2040 年時点の「成長実現・労働参加進展シナリオ」の就業者数から「ゼロ成長・労働参加現状シナリオ」の就業者数を差し引いた人数は，779 万人であった。この就業率の上昇による就業者数増加分は，先にみた労働力不足を補なって余りある大きな数値であることがわかる。この就業率の上昇が，本当に就業を希望する人たちによって無理なく実現されれば，前節までの議論をさらに強力にサポートすることにつながる。

　　ただし，よく子細にみていくと，依然として検討を要する論点がいくつか隠されていることがわかる。第一に，「ゼロ成長・労働参加現状シナリオ」にある 2040 年時点の女性の 60 歳以上の就業率の上昇の度合いが非常に高い点である。この点を確かめるために，図 10.1 では，OECD 加盟国のうち女性の就業率に特徴のある諸国を取り上げてグラフ化している。図の対象国は，日本以外に，韓国，フランス，スウェーデンとフランスである。10.3 節でみた「ゼロ成長・労働参加現状シナリオ」の就業率は，図 10.1 内にある 2017 年の日本と

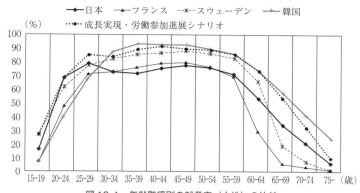

図 10.1　年齢階級別の就業率（女性）の比較

（資料）：OECD Database　https://stats.oecd.org/（2019 年 12 月 7 日アクセス）
（注）：日本，フランス，スウェーデン，韓国は 2017 年の数値。成長実現・労働参加進展シナリオについては，本文を参照のこと。

同水準と想定されている。また，もう一つのシナリオである「成長実現・労働参加進展シナリオ」の 2040 年の就業率も点線のグラフで描かれている。日本の二つの就業率の差は，2040 年時点の二つのシナリオの就業率の相違である。両者の差は，25 歳以上の年齢階級で大きい。また，「成長実現・労働参加進展シナリオ」の就業率の高さは，韓国の水準に匹敵する。さすがに，65 歳以上では韓国に比してはやや低い水準となるようだが，女性の就業率が高いといわれるスウェーデンやフランスであっても同国内で就業率が高いというのは，25 歳から 59 歳までの期間内である。60 歳以降は，両国の女性の就業率は格段に低くなっていることがわかる。

　第二に，ではなぜスウェーデンやフランスでは女性の 60 歳以上の就業率が低く，韓国では高いのかという点である。この高さの原因には，公的年金制度の充実度や給付の条件，高齢者の労働市場の参加条件など様々なことが想起されうるだろう。第 2 章でも論じたが，希望する人が就業することができる社会は理想的な社会であるが，就業を希望しないのにもかかわらず，貧困などの理由で就業を強制される社会は理想的な社会とはいえない。全般的な実質賃金の低下を伴う高齢者の就業者数の増加は決して，理想的ではない。

　第三に，実質賃金の低下を伴う高齢者の就業者数増加と必ずしも結びつかな

いが，就業を社会的に推進する場合には，従来，家庭内で行われてきた他者への働きかけ，たとえば，子育てや介護を他者へ依頼できる十分な経済的な条件を整えなければならないという点である。そうでなければ，就業によって，家族内の総生活時間でみれば，余暇の時間は確実に減少するわけであるから，子育てや介護の時間に割く時間は短くなる。出生率のさらなる低下の可能性の有無について子細な検討が待たれる。

10.6　様々な課題の解決を保証する経済成長

　以下では，第 2 章などでも取り上げてきた，経済と社会を考察するうえで重要となるポイントを再度，整理することにしよう。

　まず，高齢化が進展し，人口が急激に減少することで，就業者と非就業者との比率が問題となることは，第 2 章で確認したとおりである。本章の 10.2 節で分析の視点を確認したうえで，10.3 節では，医療サービスのニーズのピークは 2030 年前後であり，介護のニーズのピークは遅れて 2040 年になることが明らかになった。ただし，このニーズを充たすためには生産規模の増大が 2017 年以降も幾分か持続することが条件である。

　この生産規模の成長率は，言い換えると，労働生産性上昇や就業率の上昇による最大生産能力の上昇率であった。10.4 節では，2017 年時点の一人当たり消費量を維持するために必要な労働生産性のテンポについての推計結果を吟味したが，生産性の上昇率は年率 1% 程度あれば十分であり，その数値は達成可能な数値であることを確認した。この労働生産性を上昇させる具体的な方法としては，研究開発投資などによる生産工程の改善，新商品の開発などを挙げることができる。最近，話題となっている人工知能による業務の省力化もそのうちの一つである。10.5 節では，「労働力需給の推計」で取り扱われている就業率の増大によって就業者数の不足を補うことが可能かどうかについて検討してきた。その際，本章では，2040 年時点の就業率が 2017 年時点と同一であるという想定のもとで議論を進めてきた。それに対して，公的年金の「財政検証」で用いられた試算では，「労働力需給の推計」の「成長実現・労働参加進展シナリオ」を用いていた。このシナリオでの就業率や労働参加率は大変高い数値

であり，特に，女性の 60 歳以上の数値が，他国と比較しても高すぎることを指摘した。このことは，たとえば，介護ニーズが増大する下での働き方，言い換えると，親族を介護しつつ働き，かつ生活するという困難と直結する問題でもある。

　本章では，医療・介護のニーズなど，人が実際に消費する財・サービスに焦点を当てて分析を行った。この分析では労働生産性（の水準や上昇率）を目的として捉えるのではなく，労働生産性をある目的の達成するための手段として捉えたことに特徴がある。この目的とは，一人当たり消費量をなるべく維持し，さらに，必要なニーズに応えていくことであった。ところが，ニーズの増大を総需要に反映させようとすると，10.1.2 項の（1）式によりある時期の最大の生産量 Y^s に総需要は制約されるため，消費が増加した分だけ設備投資を制約せざるを得ない。第 6 章 6.1 節で確認したように，外国貿易を考えないとすると，総貯蓄と総投資は等しい。したがって，企業の総利潤は貯蓄によって保障されるため，企業の利潤が抑制されることになる。企業の私的決定を基本とする現在のシステムは，利潤の追求を目的にした社会であるから，この投資抑制がどの程度現実に可能なのかは，生産の分配の問題ともかかわり検討すべき大きな課題であるといえる。

　第 5 章でも明らかになったように，かつてのような高い経済成長を続けていくことは非常に困難である。そのような状況の下で，医療・介護のニーズの増大への対応，自然エネルギーの活用，海外から来る労働者への教育面での支援などを達成することが低い成長のもとでも可能かどうかである。本章では，就業者数が 2040 年には大きく減少し，その分，経済成長率は押し下げられると想定した。試算結果では，経済成長率は年率 1% 未満であっても，労働生産性が年率 1% 上昇すれば，将来への新たなニーズに十分に応えることができる。経済成長率それ自体を経済目標とするのではなく，社会の構成員が本当に必要としているものは何か，必要としているものを将来においても確保できるかということを本格的に検討する時期に日本社会は来ているといえる。

推薦図書

- 松尾　匡・橋本貴彦『これからのマルクス経済学入門（筑摩選書）』筑摩書房，2016 年

　第 10 章の最後で行った将来のニーズ分の生産物を生産するために，必要な就業者の計算方法を説明している。

- 髙崎順子『フランスはどう少子化を克服したか（新潮新書）』新潮社，2016 年

　第 2 章や第 10 章では詳しく紹介することができなかったフランスの少子化対策を詳しく紹介している。

注

1)　この議論の資料は，「2019 年財政検証」というキーワードで web を検索すれば入手可能である。この厚生労働省社会保障審議会（年金部会）の「2019 年財政検証」の議論の概要や詳細は，「第 9 回社会保障審議会　年金部会 2019 年 8 月 27 日」（URL：https://www.mhlw.go.jp/stf/shingi/shingi-hosho_126721.html，2019 年 12 月 8 日アクセス）の資料にて知ることができる。この部会での議論は，同ページの議事録にて参照可能である。なお，本章での考察の際に，この部会の議論のうちの，15 歳以上人口に占める就業者の割合の上昇と年金給付額の上昇との関連についての質疑が参考になった。

2)　「労働力需給の推計」とは，独立行政法人労働政策研究・研修機構（2019）「労働力需給の推計—労働力需給モデル（2018 年度版）による将来推計—」資料シリーズ 209 号のことである。この労働力需給の推計の研究は，2004 年に最初にその成果が公表されている。主なもので，2007 年度版，2010 年度版，2013 年度版，2015 年度版，今回の 2018 年度版と版を重ねてきた。当該 URL は以下である。URL: https://www.jil.go.jp/kokunai/statistics/rouju.html（2019 年 12 月 8 日アクセス）

　本章では，この日本の労働力の需要と供給の推計を取り上げた研究資料を素材に検討をする。これら内容を吟味し，いくつかの論点を提示することで読者からの批判を仰ぎたいと考えている。

3)　独立行政法人労働政策研究・研修機構（2019）「労働力需給の推計—労働力需給モデル（2018 年度版）による将来推計—」資料シリーズ 209 号の pp. 49-53 を参照のこと。

4)　より正確には，実質 GDP を最初に決め，その実質 GDP の範囲に収まるように，支出構成を変化させている。つまり，追加政策の各需要の金額がそのまま総需要に上乗せされているわけではない。詳細については，独立行政法人労働政策研究・研修機構（2019）「労働力需給の推計—労働力需給モデル（2018 年度版）による将来推計—」資料シリーズ 209 号の p. 62 と p. 85 を参照のこと。

5)　介護については，2010 年時点の一人当たり年齢階級・介護サービス種類別の介護費用に対して，2030 年および 2040 年の将来推計人口を掛けることで費用を推計した。医療については，年齢階級別の一人当たり医療費に対して，2030 年および 2040 年の将来推計人口を掛けることで費用を推計している。

6)　経済産業研究所の日本産業別生産性データベース 2013 年版によって筆者が試算。2012 年から 2017 年にかけての年平均の自然災害の被害額を試算して，その復旧作業に直接従事した就業者を計算した。次いで，被害の普及に要する資材などの原材料を生産するために関わった就業者を計算

し，先に計算した直接的な就業者と合計したものを本文中に掲載した。なお，この計測のために，日本産業別生産性データベースの産業連関表と産業別従事者数と産業別総実労働時間を活用した。

7) 日本経済新聞社「小泉環境相，石炭火力廃止踏み込めず COP25会合」（2019年12月11日付）。以下では，石炭火力発電の廃止（全廃）を打ち出している国とその期限を紹介する。フランスは2021年，イタリアは2025年，オランダは2030年，カナダは2030年，ドイツは2038年である。

8) 日本の学級編成をめぐる議論の歴史については，津田美雪（2011）「少人数学級導入をめぐる議論」『調査と情報』第705号を参照のこと。

9) 10.2節の内容については，文部科学省「令和2年度概算要求のポイント」の33ページから引用。https://www.mext.go.jp/component/b_menu/other/__icsFiles/afieldfile/2019/08/29/1420671_01-1.pdf（2019年12月23日アクセス）。児童生徒数の数値は2018年5月1日時点。この児童生徒数については，文部科学省「「日本語指導が必要な児童生徒の受入状況等に関する調査（平成28年度）」の結果について」を参照のこと。

10) 大内裕和氏によれば，「法案では，支援対象である学生に対して，極めて限定的な経済的要件を課している。その結果，授業料減免や給付型奨学金を受けられる学生がとても限定されている。全額免除となるのは住民税非課税世帯のみである」ことなどから，「「高等教育無償化」と呼ぶのは明らかに誇大であり誤りである」と評価する（時事オピニオン2019年8月16日付（URL: https://imidas.jp/jijikaitai/f-40-187-19-08-g600））。ここでいう住民税非課税世帯とは，夫婦2人子ども2人で年収が約271.4万円の世帯である。他方で，2018年時点で，18歳未満の子ども（児童）が2名いる世帯の平均収入は，808.8万円であった（厚生労働省（2019）「国民生活基礎調査2018年度版」，第113表）。また，子どもがいて年収が300万円未満の世帯数の全体に占める割合は，12.6%である（同，第109表）。そうすると，全額免除について言えば，残りの87.4%の世帯は当初から対象外であったわけである。そのような意味で，現行の制度は，極めて限定的なものであると評価できる。

11) 厚生労働省「平成30年10月時点の保育所等の待機児童数の状況について」（URL: https://www.mhlw.go.jp/content/11922000/000500999.pdf, 2019年12月26日アクセス）。ほか，現在までの保育政策の課題に関しては，逆井直紀（2019）「待機児童解消と規制緩和」『住民と自治』（2019年5月号）を参照のこと。

12) 詳細な計算方法の説明については，コラム「必要な生産物を生産するための労働生産性上昇率の推計方法」を参照のこと。

13) 独立行政法人労働政策研究・研修機構（2019）「労働力需給の推計―労働力需給モデル（2018年度版）による将来推計―」資料シリーズ209号の図表4-50，p.123を参照のこと。

14) 橋本貴彦・松尾匡（2017）「高齢化時代における蓄積と社会サービスへの総労働配分と搾取」『季刊経済理論』第54巻第2号を参照のこと。

第 11 章
経済学の考え方と資本主義経済

　すでに第 1 章でも述べたように，経済に関する議論は古代ギリシャにおける
アリストテレスの時代にも行われていたとされているが，経済の仕組みを体系
的に捉えようとした試みは 17 世紀以降とされ，本格的な展開は次の世紀にゆ
だねられた。

11.1　古典派経済学

　18 世紀以降，イギリスを中心として広がった資本主義を推進する上で，古
典派経済学と呼ばれる経済学者が果たした役割は非常に大きい。

11.1.1　市場の調和

アダム・スミス（1723-90）は，労働による富の生産と個人の欲求充足に基づ
き，分業が進むことによって生産の増大が実現し，経済社会の複雑な相互依存
関係は市場によって調整されると考えた。すなわち，ことの性格が異なると思
われる個人の利益と社会の利益は，彼によれば「市場の見えざる手」によって
調和が図られるというものである。この基本的な考え方は，後に言及する新古
典派経済学に継承されている。

11.1.2　資本家階級と地主階級の論争

　アダムスミスの主張は，当時隆盛を極めつつあった産業資本家の利益を代表

したものであったが，土地の所有を通じて利益を確保していた地主階級は，資本主義の展開が国境を越えて進むと自らの既得利益が侵害されることになるため，自由貿易に反対をした。アダム・スミスに次いで産業資本家の立場に立った経済学者がディビッド・リカード（1772-1823）である。それに対して，人口論でも有名なトマス・マルサス（1766-1834）は地主階級の立場に立った。論争は，地代論の形で展開されるが，焦点は当時のイギリスの穀物法の廃止の是非である。穀物法を廃止して，自由貿易を拡大することは産業資本家の利益を拡大する。他方，地主階級にとっては，国内の穀物生産から得られる地代が自由貿易によって縮小する。結論としては，リカードに軍配が上がり，イギリスの自由貿易が拡大することとなった。

11.2　マルクス経済学

11.2.1　資本主義社会の不安定性

（1）　生産の拡大と不均衡

　イギリスを中心とする資本主義社会は，人間に変わる動力革命（産業革命）を通じて，それ以前の経済社会とは比較にならないほど生産能力を向上させた。しかしながら，増大した生産能力（供給）に見合う販売（需要）がともなうかどうかは，市場による調整に常にゆだねられていた。生産の拡大期（好況期）は，主要な購買層である労働者の賃金が生産の速さと同様なペースで増加しているわけではなく，そのため生産と消費のギャップ（市場の不均衡）が拡大する時期でもあった。そのギャップがある水準以上に到達すると，生産の過剰が顕在化し，恐慌という形（不況期への突入）で市場の不均衡を調整することになる。恐慌は，物価を全般的に下げるだけでなく，大量の失業者をも生み出した。

（2）　労働者の生活

　労働力を提供するだけしか，自らの生活の糧を得る術のない労働者は，失業によって生活が困難になる不安定な状況が周期的に生じた。また，当時は労働に対する規制はなく，賃金単価の安い児童による長時間労働も常態であった。

　そのような資本主義の仕組みに対して，経済学者からの厳しい批判・指摘も
あったが，経済社会の基本的分析を解明するまでには至らなかったため，部分
的な批判にとどまった。

11.2.2　マルクスの分析

(1)　資本主義は歴史上過度的な形態

　カール・マルクス（1818-83）は，原始社会以降，人間の歴史は階級社会の
歴史であるとし，資本主義社会も過渡的な一形態でしかないと捉え，資本主義
が成立した合理性，そしてそこから生み出される矛盾を経済学の分析を通じて
明らかにしようとした。

(2)　階級対立と新しい社会

　19 世紀は，自由主義，民主主義がイギリス，フランスなどで急速に進展し
た時期でもある。資本主義的生産様式の中で，労働力を商品として提供する以
外に生活する手段のない労働者階級が，自らの生活・労働条件の改善を求めて，
資本家階級に対して闘争をし始めた時期でもある。マルクスは，そのような階
級間の争いが一層生産力を高めるとともに，その生産力の発展こそが資本主義
的な生産関係の維持を困難にし，新たな社会の条件を作り出すと考えた。

　マルクスは，ドイツ生まれであるが，ロンドンにおいて社会主義＝共産主義
者としても積極的に活動した。

11.3　新古典派経済学

11.3.1　経済成長

　資本主義的な生産様式の展開は，一方では生産力を増大させ，人々の生活も
一定程度は改善した側面もあったが，他方では周期的な恐慌に伴う不安定な経
済社会を増幅させ，労働と資本の階級闘争は資本主義自体の正当性をもゆるが
せた。そのような中で，資本主義を擁護する反動的な考え方も芽生え始めた。
次に述べる新古典派経済学は，第二次世界大戦後，特に 1980 年代以降の資本
主義体制を正当化する強力な理論を提供している。

11.3.2　個人の行動を基本とした経済社会の分析

　古典派経済学は個人の行動を基本にしていたが，行動の結果として生じる経済社会全体の変化についても検討を行った。異なった国々で，ほぼ同じ時期に3名の経済学者（レオン・ワルラス（1834-1910），ウィリアム・ジェボンス（1834-1910），カール・メンガー（1840-1921））が，個々人および個別企業の行動に基づき，経済の調和の在り方を分析した。その際，個々人および個別企業は，一定の経済社会的な制約条件の下で，それぞれ自身の行動を前提としており，その限りでは経済社会の変動を考慮に入れていない（戦後の新古典派経済学の議論では，経済成長論をはじめ，時間に経過に伴う経済社会の変化の分析を試みている）。

　すなわち，個々人では，自らの効用（商品の消費を通じて得る満足）を極大化（最大化）するように，一定の収入の下で支出額を決めるというものである。このような考え方を，限界効用理論と呼んでいる。同様に，労働者が自らの職業と労働時間を決める際に，一定の時間賃金の下で得られる収入（効用の度合い，満足の度合い）と労働時間による苦痛の度合い（不効用）を比較考慮するという考え方がとられる。この理論によれば，労働者が職を得ているかどうかは，賃金水準（効用）と労働による苦痛（不効用）を比較考慮して労働者が判断して決める。したがって，失業状態にある労働者は，提示された賃金が本人の希望に沿わないから自発的に仕事に就かない，つまり自発的に失業しているということになり，あるいは，労働者が経営者の提示する賃金水準に甘んじるならば，失業状態は解消されることになる（古典派の考え方の次に述べるケインズ経済学との対比については，章末の「雇用決定の考え方」参照）。

11.4　ケインズの経済学

11.4.1　1929 年の大恐慌

（1）　1920 年代のアメリカの経済繁栄

　1919 年に終結した第一次世界大戦の直後は，ヨーロッパは戦争による被害

とその復興にかなりに時間を費やさざるを得なかったが，アメリカは大戦にともなう兵器輸出によって巨額の利益を得，債務国から債権国に移行した。また，1920年代は戦後による不況を経験したものの，20年代後半から経済的繁栄が始まった。特に成長が著しかった自動車・電気・建築などの分野で株価は上昇し，株式投資は加熱した。

(2)　不均衡の拡大

しかし繁栄の裏側では所得分配の不均等も拡大し，生産水準と消費者の購買力の間に格差が増大していた。生産は拡大し，製品が町にあふれていても，低賃金労働者はそれらを買うための所得を得ることができなかった。1923年から29年にかけて，工業生産力は20%増加したにもかかわらず，労働者の数は7%強減少した結果，失業者が増加していった。そのうえ，農作物価格は下落し，農業は慢性的な不況状態で，それまでの基幹産業であった鉄道や石炭産業も斜陽化していた。

(3)　外国貿易の停滞

他方，ロシア革命により成立したソビエト連邦が社会主義経済政策を採ったため，資本主義諸国との貿易が停滞し，アメリカの製品市場はますます狭くなっていった。

(4)　株価の暴落

表向きは繁栄していたとはいえ，アメリカでは売れ残りの在庫品を抱えた会社が急増していた。そのような状況の下で，すでに1929年9月には株価大暴落が間近に迫っているとの警告が出されていた。10月下旬にはニューヨーク株式取引所の相場は下落を始めていた。10月23日には株の売り注文が殺到し始め，翌24日には昨日の5倍の株が売られた（「暗黒の木曜日」と呼ばれる）。大銀行家たちが懸命に買い支えようとしたにもかかわらず，翌週29日にはさらに株が売られ，下落はピークに達した（「暗黒の火曜日」）。

11.4.2　自由競争経済政策の行き詰まり

大恐慌はアメリカ国内のみならず第一次世界大戦で壊滅的な被害を受けたヨーロッパ，そして日本にも波及した。日本では，1932年（昭和6年）が最も深刻で，その当時エリートであった大学生のほとんどが就職口を見つけること

ができなかった。

　自由競争に基づく経済理論は，株式市場の暴落に端を発する経済活動の混乱にはなすすべもなく，主要各国は商品の販売のはけ口を海外に求めるために輸出価格の切り下げとともに海外からの輸入を阻止する保護貿易をとり始めた。

　そのような状況の下，イギリスの経済学者ジョン・メーナード・ケインズ（1883-1946）は，1936年に『雇用，利子および貨幣の一般理論』を公表し，失業が解消できないのは，労働者が安い賃金を受け入れないからではなく，商品を生産しても労働者が購入できる購買力（有効需要）がないことにあり，その有効需要を得るには公共事業などの政府支出によって雇用を増加させることが不況克服に必要であることを強調した。

　ケインズの一般理論に先駆けて，アメリカ政府が1933年に実施したテネシー渓谷でのダム建設などの公共事業は，いわゆるケインズ政策ともいえる。ケインズも指摘したように，政府による支出増は，軍事支出によってもなされる。1933年ドイツで政権を握ったヒットラーは，高速道路（アウトバーン）などの公共事業や軍事支出増加によって雇用を大幅に増加させた。同じ時期，日本の大蔵大臣であった高橋是清は，国債の日銀引き受けによって政府資金を調達し，生産の増加を実現することができたが，その多くの資金は第二次世界大戦の引き金となった軍事支出増に使われることになった。

　いずれにせよ，当時の世界経済では，いわゆる自由主義的経済運営は，大恐慌のもとではなすすべもなく，その克服のためには政府による経済への介入を避けることができなかった。

11.5　第二次大戦後の経済学の潮流

　第二次世界大戦後の経済思想の潮流と資本主義諸国の経済政策は，資本主義と社会主義が対峙した1980年後半までと，主要な社会主義諸国が体制変更を余儀なくされた1990年代以降に大別することができる。

11.5.1　資本主義 対 社会主義

　アメリカを除き大戦によって甚大な被害を受けた資本主義各国は，戦後の復

興のため政府の介入を余儀なくされた。いわゆるケインズ政策である。しかし，この政策はアメリカにおいては継続せず，1980 年代より自由主義的政策が復活し始める。いずれにせよ，1980 年代後半までは資本主義陣営と社会主義陣営が経済面・軍事面で競い合う「冷戦構造」が経済政策にも大きく影響を与えた。

（1）　ケインズ政策

　戦後の復興には，政府が大きな役割を果たした。特に，戦場とならなかったアメリカが行った日本およびヨーロッパ諸国への復興援助は，ソビエト連邦が主導する社会主義国の拡大を阻止する目的で，多額の資金が投入された。

　当然のことながら，資本主義陣営も社会主義体制が強調する雇用の保証・公共住宅の提供・教育の無償化などの措置に対抗するために，様々な福祉政策，雇用政策が採用され，民間経済への政府の介入が積極的に行われた。先述のように，イギリスの経済学者 J. M. ケインズは 1936 年に公表した著書において，不況期には政府が景気対策として需要創出を行うことを提唱している。なお，ある一方では一定のルールの下で企業活動を保証する従来の新古典派的な政策をとり，他方では需要創出のため政府の介入が行われるケインズ政策を実施する方式は混合経済体制，あるいは新古典派統合とも呼ばれていた。

　ケインズ政策の実施は，戦後のアメリカ経済と資本主義陣営についたイギリス，フランス，ドイツ，イタリアをはじめとする西欧諸国経済に，1950 年代後半から 1960 年代にかけて，高成長に基づく物質的な繁栄をもたらした（「黄金時代」とも呼ばれている）。日本の高度成長期の成長率には及ばないが，これら欧米諸国でも年平均 5% 前後の成長が達成されていた。

　しかしながら，1960 年代後半におけるアメリカによるベトナム介入（ベトナム戦争）は，多額の軍事支出とインフレーションをもたらし，アメリカの国際収支を悪化させ，そして経済成長の低下をもたらした。戦後のアメリカの経済力の強さはアメリカのドルの強さをも意味し，ドルの国際通貨としての信用も高かった。1970 年ごろまでは，アメリカのドルは必要であれば，いつでも金との交換（兌換）を保証していたし，各国は金を保有する代わりにドルという外貨を保有しようとしていた。アメリカのドルは，国際通貨としての地位を確保している限りでは，自国の輸入代金を自国通貨で支払うことには制約はな

い。そのためには，国際競争力を維持し，継続的な貿易収支の赤字が生じない
ことが必要であった。しかし 1960 年代後半のアメリカの継続的な赤字拡大に
より，フランスをはじめとする西欧諸国は，自国が有するドル外貨を金に交換
し始めた。つまり，ドルの国際通貨としての信頼性がゆらぎ始めたことを意味
する。その結果，1971 年にアメリカ政府は，ドルと金との兌換の停止を宣言
した。アメリカのドルを基軸通貨とする国際通貨の枠組みが大きく変更を余儀
なくされた（戦後「ブレトンウッズ体制の崩壊」とも言われる）。1949 年 3 月
以降続いた日本の 1 ドル 360 円という為替レートが 1971 年 12 月には 1 ドル
308 円と円高に大幅に修正された。また，1973 年 2 月には従来の固定為替相場
制度から変動為替相場制度に移行した。

（2）　自由主義的思想の復活

　1970 年代前半は，1960 年代のアフリカ諸国をはじめとして多くのアフリカ
諸国の独立，発展途上国の台頭などにより，従来の主要先進諸国中心の経済政
策を進めることが次第に困難になってきた。『自由の選択』の著者ミルトン・
フリードマン（1912-2006）の考えは代表的なものといえよう。

11.5.2　社会主義体制の行き詰まりと規制緩和

（1）　ソビエト連邦をはじめとする多くの社会主義諸国体制の崩壊

　1991 年のソビエト社会主義崩壊は，東欧諸国や旧ソ連邦の多くの諸国に市
場経済体制への移行を促進した。体制移行を余儀なくされた主要な理由の一つ
として，経済の実態に即さない中央集権的な意思決定方式がある。大半の国民
が貧困飢餓状態に苦しんでいる状況の下では，所得の極度な不平等を是正し，
最低限の生活を保障する公的な意思決定方式は合理的な意味を持った。たとえ
ば，1900 年代初頭のロシア，第 2 次世界大戦後の中国などが挙げられる。

　当然のことながら，一国の政府が個々の国民や個々の生産組織のニーズを把
握することは不可能である。生活水準が向上するにつれて，国民のニーズは多
様となる。しかしながら，ソ連を代表する社会主義国は，生産組織に計画に基
づく生産のノルマを課した。それに対応して，各生産単位は中央組織の指令を
達成することに傾注し，採算と国民のニーズを考慮しない極めて不効率な生産
を継続し，資本主義諸国との国際競争において遅れをとることになった。

　さらに，資本主義諸国との軍拡競争による軍事支出の拡大は，社会主義諸国の国家財政を圧迫し，多額の資本主義諸国からの輸入に基づく貿易収支の継続的赤字と相まって，体制の維持すら困難な状況となった。1986年に当時就任したゴルバチョフ書記長（後に大統領）は，ペレストロイカ（restructuring）と呼ばれる経済改革を実行したが，国内の政治対立もあり，実効性を発揮することなく終わった。

(2)　資本主義諸国の規制緩和

　すでに述べたように，イギリスとアメリカは，社会主義諸国との対抗のため軍事支出の規模は維持するものの，政府の介入は極力避けるという従来の「大きな政府」から「小さな政府」への移行を進めた。1990年代に入り，両国の経済は回復基調になり，社会主義諸国の経済体制崩壊は，資本主義運営体制の正当性に利用されることとなった。

　他方，日本における1989年バブル崩壊は，金融機関をはじめとする民間経済に多大の損失をもたらした。日本経済の運営方式は，1980年に徐々に規制緩和を進めたものの，依然として非効率な部門を温存するいわゆる「護送船団方式」とアメリカから批判され，1990年代半ば以降，大幅な規制緩和を余儀なくされた。他方，アメリカでは，「ニューエコノミクス」と呼ばれる社会保障制度を半ば民間組織制度にゆだねるなどして競争環境を作り出す規制緩和が進行し，1990年代後半に一定の成長率を実現した。また，タイの通貨下落が発端となった1998年のアジア経済危機は日本経済にも影響が及び，その結果，日本の失業率がアメリカのそれを上回るというこれまでにない状況が生じた。

　2001年のアメリカで起こった同時多発テロ後も金融緩和状況は続く。その中で，信用度の低い債権であってもリスクを分散させることによって不良債権化する確率は低くなるという「金融工学」という手法に基づき，低所得者層に住宅資金を貸し付け（いわゆるサブプライムローン），その証書を債権化した証券投資が大幅に拡大した。証券投資の波は，EU諸国の主要な金融機関も巻き込んでいくことになり，欧米諸国での一定の経済成長がもたらされるとともに，株価・住宅価格の上昇が生じた。日本においては，一般物価が低下気味のデフレーションの状態ではあったが，雇用状況も好転した。

　しかしながら，過去の日本におけるバブル同様，土地・株式価格の上昇は，

実体経済がそれに伴わない限り永続し得ない。たとえばサブプライムローンによる貸付けを行った金融商品には，その商品が不良債権化するまでのリスクは分散されており，安全資産と呼ばれている商品が不良化するまでにはいくつかの段階があって，それぞれの段階のリスクは極めて低い確率（1% 以下）であるといわれていた。では仮に，それが 3 段階あり，それぞれの段階のリスクが 1% 以下であるとしたら，たとえ第 1 段階で不良債権化のリスクが生じたとしても，安全資産と呼ばれる商品が不良債権化する確率は 100 万分の 1 以下（0.01×00.1×0.01）となり極めて低い。この考え方は，原子力発電の安全性の考え方に類似している。原子力発電には，いくつもの安全装置が備わっており，初期のトラブルが生じても，それが事故につながる確率は非常に少ないということであったが，これはそれぞれの段階の事故確率は，次の段階の事故確率に影響を与えないという，各段階の事故確率の独立性という仮定に基づいている。そのような想定は現実的ではなく，トラブルの処理で人が介在した場合や処理装置の誤作動などにより，事故確率は高くなる恐れがある。ましてや，人的要素が強い証券投資の場合には，それぞれの段階での独立性の仮定は，想定自体が非現実的であった。

11.5.3　金融危機とケインズ政策の復活

（1）　国家の介入

　2008 年にアメリカで生じた住宅価格下落を発端とする金融危機は，多額の証券を購入していた欧州に及び，ギリシャの通貨危機は欧州での金融危機を一層に深刻なものにした。また，アメリカにおいては，金融機関，主要自動車企業が倒産の危機に瀕し，それらは本来は自由主義的な経済運営の考え方からすると淘汰されるべきものであったが，規模の大きさによる経済全体への影響を警戒し，「大きすぎて潰せない」企業の救済に乗り出すという国家による民間経済への介入が復活した。また，人為的な低金利政策も国家の介入の別の側面である。

（2）　グローバル化への反動

　国際経済取引面では，環太平洋地域経済連携協定（TTP）など，国家間のグローバル化への動きが一層進みつつあったが，『21 世紀の資本』の著作者ト

マ・ピケティ（1971-）によれば，その恩恵を得たのは，ごく一部の高所得者層にすぎない。これまでの物・金・人の自由な移動により，職を失った労働者や国家による社会保障の削減を被った低所得者層は，金融資本や移民労働者などに批判の矛先を向ける。欧米における移民排斥の動きといくつかの EU 諸国での反緊縮政策の動きは，反グローバル化の動きをあらわしているといえよう。イギリスの EU 離脱の決定は，その典型的なものといえる。

　また，最近のアメリカのトランプ政権の輸入商品に対する高関税の実施は，戦後の世界経済ではごく一部の例を除き，主要先進諸国では経験したことがない。世界経済の仕組みは，それを持続しようとすれば各国の保護的な政策を解消することが必要であるが，そのような是正の方向に進むには，時間が必要のように思われる。

推薦図書

- 堂目卓生『アダム・スミス（中公新書）』中央公論新社，2008 年

　　『国富論』にみられる規制を撤廃し，競争を促進の側面ではなく，『道徳感情論』を通して資本主義における社会の秩序のありようを検討している。

- 佐々木隆治『カール・マルクス──「資本主義」と闘った社会思想家（ちくま新書）』筑摩書房，2016 年

　　最新の文献研究からカール・マルクスの理論と実像に迫り，その思想の核心を明らかにしようとしている。

- 久保恵美子訳『ケインズかハイエクか（新潮文庫）』新潮社，2016 年

　　世界恐慌から回復期の間に，大きな政府と小さな政府を代表する二人が学界や政界を通じて繰り返した激しい抗争を描いている。

- 瀧澤弘和『現代経済学（中公新書）』中央公論新社，2018 年

　　ミクロ経済学・マクロ経済学をはじめとして，ゲーム理論，行動経済学，神経経済学などを視野に入れ，実験や制度，経済史といった重要な領域についても解説している。

雇用決定の考え方

　所定の賃金水準に基づく雇用の決定は，古典派，ないしは新古典派では次のように二つの公準で整理される。経済活動の期間を1か月から6カ月程度の比較的短い期間を想定するならば，企業が所有する資本設備，技術は当面変化しないものとして，生産水準は，専ら労働者の労働投入量に依存すると考えることができる。以下述べる古典派の第1公準は，現行の賃金水準のもとでどれだけの雇用を行うかという労働需要に関わる。第2の公準は，現行の賃金水準のもとで労働者はどれだけ自らの労働を提供するかという労働供給である。

　まず，最初に二つの公準で用いられる用語について説明しておこう。賃金水準は，名目部分と実質部分に区別される。名目部分とは，いわゆる時間当たりの給与，たとえば「時給850円」といったものに対応し，名目賃金率と呼ばれている。もし，時給が850円から1000円に上昇すれば，名目賃金率の上昇となる。それに対して，実質部分とは私たちが得る時給，言い換えると名目賃金率によってどれだけの生活資料が購入できるかを測る指標である。一つの生活資料として，コンビニエンスストアで売られている消費税込み420円程度のお弁当を例にとると，時給850円では二つのお弁当が購入できる。すなわち，時給では二つの弁当が実質賃金率となる。時給850円から1000円の上昇は，弁当の価格が変化しない限り，時給上昇分の150円でサラダ等のサイドメニューの購入追加ができ，その意味で実質賃金率は上昇したことになる。しかし，弁当が420円から450円近くに上昇するならば，上昇した時給でも二つの弁当のみしか購入できず，時給上昇にもかかわらず，実質賃金率は上昇しない。

1. 企業の雇用決定態度（労働需要：古典派の第1公準）

　企業が利潤の極大化（最大化）を前提するとき，実質賃金率は，労働の限界生産物に等しいとうのが第一公準である。

$$実質賃金率（w/p）＝名目賃金率（w）/生産物価格（p）$$

　以下その内容を見ていくことにしよう。企業の生産費用を労働費用のみと考えると，利潤は

$$\begin{aligned}利潤（\pi）＝&（生産物価格（p）×生産（販売）量（y）） \\ &－（名目賃金率（w）×雇用量（N））\end{aligned} \tag{1}$$

で定義される。その際，雇用量と生産物との関係を生産関数 $y = f(N)$ で特徴づけ，生産関数には次のような特徴があると想定する。

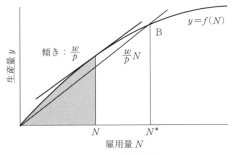

図 11.1　生産関数

$$\frac{dy}{dN} = f'(N) > 0, \ \frac{d^2y}{dN^2} < 0 \tag{2}$$

　生産関数を雇用で微分した $\frac{dy}{dN} = f'(N)>0$ は，雇用量を 1 単位追加した
ときに生産量は何単位増加するかを表し（限界生産物），雇用量の増加に伴っ
て生産量も増加することを意味する。後者の $\frac{d^2y}{dN^2}<0$ の雇用に関する 2 回の
微分は，雇用量の追加的増加は生産量を増加させるけれども，その増加の程
度は減少することを示している（限界生産力低減の仮定）[1]。

　図 11.1 は，（1）式を価格 p で除した式を表しており，生産量は雇用量の増
加とともに増加するが，その増加の程度は減少する。総生産量は原点，雇用
量，生産量曲線に囲まれた面積（グレーの部分）で表され，その面積から賃金
費用部分 $\frac{w}{p}N$ を除した $\frac{\pi}{p}$ 部分が企業の利潤部分となる。利潤が極大となるの
は，生産曲線と賃金費用の直線が交わる B 点で，雇用水準は N^* に対応する。

　①式を雇用に関して微分すると 1 階の極大部分が導出され，

$$\frac{d\pi}{dN} = pf'(N) - w = 0$$

となり，

$$f'(N) = \frac{w}{p}$$

を導出することができる。

　これは，最初に述べた古典派の第 1 公準で，労働の限界生産物が実質賃金
率に等しくなるように企業の雇用量（労働需要量）は決定されることを意味
する。言い換えると，企業の雇用需要量 N^d は実質賃金率 $\frac{w}{p}$ の減少関数で，
実質賃金率が高まると，企業の賃金費用は高くなるため，雇用を控えようと

する。

2. 労働者の労働供給態度（労働供給：古典派の第2公準）

　労働者の余剰効用（U）が極大化されるとき，一定の労働量が雇用されている場合の実質賃金の限界効用は，その雇用量の限界不効用に等しい。労働者は，労働によって得られる成果物 $\frac{w}{p} \cdot N$ が高くなるに比例して満足の度合い（効用）は高まるが，労働は苦痛とみなされる。労働量が多くなるに従って労働者の不満足の度合いは高まり（$DU'(N)>0$），不満足の増加の程度は大きくなる（$DU''(N)>0$，限界非効用逓増）ことを仮定している。

$$U = \frac{w}{p} \cdot N - DU(N) \tag{3}$$

上式は，労働によって得られる効用 $\frac{w}{p} \cdot N$ から労働の限界不効用を差し引いたもので，この余剰効用 U を極大にするように労働者は自らの労働供給を決定する。(3) 式を，雇用量 N について微分すると，1回の極大条件が導かれ，$\left(DU'(N) = \frac{w}{p} \cdot N\right)$，つまり労働の限界不効用が実質賃金の限界効用に等しくなるように労働供給量は決定される。この第2公準からは労働供給曲線が導出される。この式の意味するところは，労働者の労働供給（働こうとする意欲）は，彼らが得る実質賃金率に依存し，実質賃金率の増加関数になる。

3. 古典派の見解

　古典派経済学に立脚すれば，実質賃金率の柔軟な変動があれば，新しい生産方法の導入，ないしは転職等による調整の過程における摩擦的失業，労働者の希望する実質賃金率の高止まりによる自発的失業以外の失業はありえない。労働者は，企業が提供する実質賃金率に甘んじていれば失業することはないことになる。

　ケインズによると，古典派の見解のもとでは，完全雇用を達成する方策は次のようになる。

　(1)　労働の非効用（苦痛）の低下を通じて，労働供給曲線を右方シフト（労働供給を増加）させる。たとえば，危険で過酷な労働条件が，機械化の導入によって緩和されるならば，以前と同様の実質賃金率水準でも働こうとするであろうというのである。

　(2)　職業安定所や職業訓練所の充実によって，摩擦的失業を減少させる。従来の生産法から新しい生産方法を導入することによって，これまでの技能を持っていた労働者が不要になった場合，労働者が一時期の訓練によって新しい技能習得を習得すれば再び仕事を得ることができる。

4. ケインズの見解

　　古典派の見解に対して，ケインズは古典派の第 1 公準は承認するものの，労働者が実質賃金率の変化に応じて労働供給量を決定することはないと主張し，古典派の第 2 公準を否定した。そして，この公準に立脚する限りでは説明できない非自発的失業（生産物に対する有効需要の変動によって生じる失業）という現象があることを明らかにした。

　　労働者は，自らの生活水準向上のために貨幣賃金率 w の上昇を要求するであろう。もし物価 p が上昇しなければ労働者の望むとおり実質賃金率 $\frac{w}{p}$ は上昇するであろう。しかし，企業の経営者が労働費用の増加に対抗して価格 p を上げたとしたら，実質賃金率は上昇しないどころか減少することすらある。労働者は，名目賃金率は要求によって引き上げることはできたとしても，実質賃金率をコントロールすることできないというのがケインズの主張である（賃金の貨幣錯覚）。

　　問題は，古典派が主張するように労働者が彼らの要求を引き下げ，すなわち名目賃金率 w の引き下げを認め，実質賃金率 $\frac{w}{p}$ の引き下げに企業が成功したとしよう。当然のことながら，この引き下げが限られた企業に限定されているのであれば，実質賃金率 $\frac{w}{p}$ の引き下げによる企業の雇用増加は抑えられ，失業状態の抜本的解消にはならない。しかし実質賃金率 $\frac{w}{p}$ の引き下げが社会全体に起こったらどうであろうか？　企業の労働需要関数に従い，企業は雇用を増加させることなる。しかし，実質賃金率の引き下げが社会全体に起こったら，労働者の生活資料のもととなる $\frac{w}{p} \cdot N$ は低下する。その結果労働者の消費需要は低下するので，雇用の増加によって増加した企業の生産物に売れ残りが発生し，結局企業は生産物価格の引き下げを実施せざるを得ず，雇用水準ももとに戻ってしまう。

　　このような生産水準と労働者の消費水準にギャップがあることが，労働者が働く意欲があるにもかかわらず，非自発的失業を生み出す根本的な原因である。ケインズは，国家の介入により一時的にであれ，このギャップにメスを入れることが重要であると考えた。

注

1) 通常の生産関数の説明では，上記のように連続的な雇用と生産量の物理的関係が限界生産物逓減の法則を導き出すとしているが，実際には利用可能な様々な雇用量と生産量との生産技術関係の中で，企業が最も効率的な生産方法を選択した結果が生産関数として表現できると考えるほうが妥当であろう。

索　引

【数字・欧文】

1929 年の大恐慌 ……………………179
2019 年財政検証 …………………157
BRICS …………………………132
CRS（共通報告基準）………………149
GATT 加盟 ………………………127
GDP デフレーター ……………40, 57, 58
IMF 加盟 …………………………127
IMF 体制 …………………………69
M&A（Merger and Acquisition）…109
ME 革命 ……………………74, 78
NC 工作機械 ………………………72

【あ行】

赤字国債（特例国債）………73, 139
アジア経済危機 …………………184
アダム・スミス …………………1
アメリカの占領統治機構（GHQ）………106
アリストテレス …………………1
安定成長期 ………………48, 63
イタイイタイ病 …………………68
一般会計予算 ……………………140
一般政府 ……………………38
イノベーション …………………49
インフレーション ………………68
ウィリアム・ジェボンズ …………179
ウォークマン ……………………72
失われた日本 ……………………75
営業余剰（利潤）………33, 35, 42, 82, 100
エリック・ロール …………………1
エレクトロニクス革命 ……63, 78
円高 ………………………………124
オイルショック …………………123
黄金時代 …………………………182
小渕内閣 …………………………76

【か行】

海外 ……………………34, 37
海外生産ネットワーク …………132
海外直接投資 ……………………130
買い替え需要 ……………………64

外貨準備 …………………………127
階級対立 …………………………178
外国為替管理法 …………………108
外国人投資家 ……………………109
価格競争力 ………………………57
価格要因 …………………………58
格差問題 …………………………77
家計 ……………………6, 30, 32
家計最終消費支出 ………………38
家計調査 …………………………114
可処分所得 ………………………32
過疎化 ……………………66, 69
株式会社 …………………………101
株式価格 …………………………4
株主総会 …………………………103
株の持ち合い ……………………106
借換国債 …………………………139
カール・マルクス …………………178
カール・メンガー …………………179
為替レート ………………………69
間接金融 …………………………107
環太平洋地域経済連携協定（TTP）………185
基幹産業 …………………49, 72
企業 ……………6, 30, 32, 103
企業グループ間取引 ……………105
企業所得（利潤）………9, 82, 100
企業設備投資 ……………………33
企業物価指数 ……………………40
企業別組合 ………………………106
基軸通貨 …………………………183
技術進歩（率）………8, 90, 92
規制緩和 ……………………77, 129
期待成長率 ………………70, 74
逆進的性格 ………………………147
逆輸入 ……………………124, 134
キャッチアップ …………………70
給与 ………………………………32
供給面 …………………………8
共産主義 …………………………178
狂乱物価 …………………………71
ギリシャの通貨危機 ……………185
近代経済学 ………………………2

金融緩和政策･････････････････････71
金融危機･････････････････････････5
金融工学････････････････････････184
グローバル化･･････････74, 78, 126
経営管理方式････････････････････105
経営者･･･････････････････････････9
軽工業品････････････････････････123
経国済民･････････････････････････1
経済協力開発機構（OECD）･･･････144
経済主体･････････････････････29, 32
経済循環･････････････････････30, 32
経済成長論･･････････････････････179
経済発展････････････････････････10
経済民主化政策･･･････････････････80
経常移転･････････････････････････37
経常収支････････････････････････135
経常利益････････････････････････109
系列の取引･･････････････････････107
ケインズ経済学･･････････････････179
ケインズ政策････････････････････181
限界効用理論････････････････････179
減価償却費･･･････････････････････33
建設国債（4条国債）･････････････138
現地企業････････････････････････134
現地生産体制の確立･･･････････････73
現地調達率･･････････････････････134
現物給付･････････････････････････42
減量経営･････････････････････72, 76
小泉内閣････････････････････････77
公害問題･････････････････････････68
恒久減税政策････････････････････78
公共基盤整備････････････････････138
公共サービス････････････････････34
公共投資････････････････････････67
合資会社････････････････････････101
構造改革特区････････････････････77
公定歩合････････････････････････71
公的固定資本形成･･･････38, 42, 43
合同会社････････････････････101, 102
高度成長期･･･････････････････8, 63
合名会社････････････････････････101
効用･･････････････････････････179
国際供給体制････････････････････78
国際競争力･･････････････････････123
国際協調･･･････････････････････11
国際決済････････････････････････127

国債残高････････････････････････137
国際収支の天井･･････････････････126
国際通貨基金（IMF）･･･････････69
国債の日銀引き受け･･･････････････151
国債発行残高･･････････････････････9
国際分業･････････････････････････78
国際貿易機構･･････････････････････9
国際連合････････････････････････111
国内･･･････････････････････････36
国内産業保護････････････････････128
国内総支出･･･････････････････････54
国内総生産（GDP）･･････32, 35, 41
国民･･･････････････････････････36
国民可処分所得･･･････････････････37
国民経済･････････････････････････31
国民経済計算（国民経済勘定）（SNA）･･････35
国民総所得（GNI）･･･････････37, 41
穀物法の廃止････････････････････177
個人経営････････････････････････101
護送船団方式････････････････････184
固定為替相場制度････････････････183
固定為替レート･･････････････69, 128
固定資本減耗･････････････33, 35, 42
古典派経済学････････････････････176
雇用者報酬（賃金）･･････35, 41, 100
雇用のポートフォーリオ･･･････････77
ゴルバチョフ････････････････････184
混合経済体制････････････････････182
混合所得･････････････････････35, 42
コンビナート････････････････････67

【さ行】

財（貨）・サービス･･････････････33, 39
財市場･･･････････････････････34, 39
最終財･･･････････････････････････78
最終消費支出･････････････････････37
歳出･･････････････････････････140
財政赤字･･･････････････････79, 10
財政均衡主義････････････････････73
財政構造改革････････････････････77
財政再建問題････････････････････78
財政政策････････････････････････34
財政投融資････････････････････････67
財政法特例法案･･･････････････････73
最低価格支持政策････････････････129
歳入･･････････････････････････140

財閥解体 ……………………………106
サービス収支 ………………………135
サブプライムローン ………………184
産業……………………………………7, 46
　構造改革 …………………………77
産業の空洞化問題 …………………135
産業ロボット ………………………72
産出額 ………………………………31, 35
三面等価の原則 ……………………38
資産課税 ……………………………142
資産倍増計画…………………………75
市場……………………………………34
市場開放 ……………………………129
市場価格 ……………………………37
市場獲得競争 ………………………132
市場の不均衡 ………………………177
市場の見えざる手 …………………176
実効税率 ……………………………146
実質 GDP ………………………40, 57, 58
実質賃金（率）……………………65, 187
ジニー係数 …………………………114
地主階級 ……………………………176
資本家 ………………………………9
資本家階級 …………………………176
資本集約的産業………………………50
資本主義（資本制）……………83, 156
資本ストック………………………35
社会資本………………………………34
社会主義 ……………………………178
社会主義経済政策 …………………180
社会保険制度 ………………………111
社会保険料 …………………………32
社会保障基金…………………………38, 140
社会保障給付率 ……………………145
社会保障制度 ………………………2
社会保障費 …………………………140
ジャストインタイム方式 …………106
重化学工業品 ………………………123
就業者（労働者）…………………9, 167
就業率 ………………………………157, 170
自由主義的政策 ……………………182
終身雇用制 …………………………105
住宅金融公庫…………………………68
住宅ストック………………………42
集中豪雨的輸出……………………73
自由貿易体制 ………………………126

出生数…………………………………17
需要面…………………………………8
需要抑制政策…………………………71
春闘方式 ……………………………65, 79
償還期限 ……………………………150
少子高齢化 …………………………6
消費 …………………………………38, 53
消費財 ………………………………55
消費者物価指数 ……………………40
消費水準 ……………………………166
消費税 ………………………………76, 140
商品……………………………………16
職能能力給 …………………………106
所得格差 ……………………………9
所得収支 ……………………………135
所得税 ………………………………142
人為的な低金利政策 ………………185
人口移動 ……………………………66, 79
人口減少 ……………………………13
新興工業経済諸国 …………………132
人口集中……………………………66
人工知能 ……………………………3
新古典派経済学 ……………………176
新古典派統合 ………………………182
新全国総合開発計画…………………71
垂直貿易 ……………………………125
水平貿易 ……………………………125
数量の要因…………………………58
スタグフレーション………………71
ストック……………………………44
ストップ・ゴー政策 ………………127
スマートフォン……………………78
生活保護対象世帯 …………………144
正規労働者 …………………………106
生産…………………………………35
生産活動……………………………31
生産過程……………………………31
生産関係 ……………………………6
生産年齢人口 ………………………6
生産物………………………………13
生産・輸入品に課せられる税 ……36, 42
生産要素……………………………8
政治経済学…………………………1
税収不足……………………………73
政府……………………………………6, 34
政府最終消費支出……………………42, 38, 53

世界銀行 ················111
石油輸出国機構（OPEC）·······69
世帯数 ················66
絶対的貧困 ··············112
総固定資本形成··············37
総需要 ················53
相対的貧困（率）··········9, 113
租税回避地 ··············146
租税特別措置法 ············146
租税負担率 ··············145

【た行】

第1次産業··············46
第1次石油危機 ··········47, 69
第2次産業··············46
第2次産業革命·············70
第2の予算··············67
第3次産業··············46
対家計民間非営利団体最終消費支出·····38
耐久消費財··············64
対個人サービス·············51
対事業所サービス············51
太平洋ベルト地帯············67
高橋是清 ···············181
兌換銀行券 ··············150
多国籍化··············78
多国籍企業··············130
団結権···············65
団体交渉権··············65
団体行動権··············65
小さな政府論 ·············139
地球温暖化··············79
地方消滅···············79
地方政府··············7, 38
中央政府··············7, 38
中央値 ················113
中間財···············31
中間消費··············39
中間投入···········31, 33, 35
直接金融··············107
直接税···············32, 142
直接投資··············126
貯蓄···············32, 37
賃金（雇用者報酬）········35, 41, 100
通貨性預金··············114
通貨発行権··············150

低価格競争················60
停滞期················48, 63
デヴィッド・リカード ···········1
デフレーション·············41
東京再開発構想·············74
投資············38, 53, 82
投資財················55
都市再生特別措置法···········77
都市問題················69
土地価格 ···············4
土地投機···············71
ドッジ・ライン·············73
トマス・マルサス ···········177
トマ・ピケティ ············185
取締役報酬··············115

【な行】

内需主導················74
内部留保················33
ニクソンショック············69
二国間調整··············129
日米構造協議··············74
日米貿易構造 ·············129
日米貿易摩擦········47, 129, 143
日米包括的協議············129
日本型経営方式 ·············9
日本銀行法··············150
日本国憲法··············80
日本産業標準分類············46
日本取締役協会············104
日本列島改造論··········71, 79
ニューエコノミクス···········184
年功序列制··············106
年功賃金制度··············106

【は行】

ハイパーインフレーション········73
派遣切り················77
橋本内閣················76
パナマ文書··············146
バブル············4, 48, 75
反トラスト··············109
非関税障壁··············129
非正規雇用··············108
非正規労働者··············77
付加価値··········33, 35, 46

不確実性‥‥‥‥‥‥‥‥‥‥‥‥‥70
不均衡の拡大 ‥‥‥‥‥‥‥‥‥180
不効用‥‥‥‥‥‥‥‥‥‥‥‥‥179
物価指数‥‥‥‥‥‥‥‥‥‥‥‥‥40
プラザ合意‥‥‥‥‥‥‥48, 73, 124
不良債権‥‥‥‥‥‥‥‥‥‥75, 185
不良資産‥‥‥‥‥‥‥‥‥‥‥‥‥76
ブレトンウッズ体制の崩壊 ‥‥‥183
フロー‥‥‥‥‥‥‥‥‥‥‥‥‥‥44
ブロック保護主義 ‥‥‥‥‥‥‥127
分配‥‥‥‥‥‥‥‥‥‥‥‥‥9, 35
分離課税方式 ‥‥‥‥‥‥‥‥‥147
平均経済成長率 ‥‥‥‥‥‥‥‥138
平和の配当‥‥‥‥‥‥‥‥‥‥‥80
ペティ・クラークの法則‥‥‥‥‥57
ペレストロイカ ‥‥‥‥‥‥‥‥184
変動為替相場制度 ‥‥‥‥‥‥‥183
貿易・サービス収支 ‥‥‥‥‥135
貿易自由化 ‥‥‥‥‥‥‥‥‥128
貿易収支 ‥‥‥‥‥‥‥‥125, 135
貿易摩擦‥‥‥‥‥‥‥‥‥‥‥9, 72
包括的交渉 ‥‥‥‥‥‥‥‥‥129
法人事業税率 ‥‥‥‥‥‥‥‥146
法人税‥‥‥‥‥‥‥‥‥‥‥33, 143
法人組織 ‥‥‥‥‥‥‥‥‥‥101
補助貨幣‥‥‥‥‥‥‥‥‥‥‥150
補助金‥‥‥‥‥‥‥‥‥‥‥‥‥36
ボランティア‥‥‥‥‥‥‥‥‥‥16

【ま行】

マークアップ率‥‥‥‥‥‥‥‥‥68
窓口規制‥‥‥‥‥‥‥‥‥‥‥‥71
マルクスの経済循環図式 ‥‥‥102
水俣病‥‥‥‥‥‥‥‥‥‥‥‥‥68
ミルトン・フリードマン ‥‥‥183
民間企業設備投資 ‥‥‥38, 42, 70, 84
民間最終消費支出‥‥‥‥‥‥‥53
民間住宅投資 ‥‥‥‥‥‥‥38, 42
民間消費支出‥‥‥‥‥‥‥‥‥42
無形資産‥‥‥‥‥‥‥‥‥‥‥‥38

無償労働 ‥‥‥‥‥‥‥‥‥16, 18
名目GDP ‥‥‥‥‥‥‥‥40, 52, 58
名目賃金（率）‥‥‥‥‥‥65, 187
メインバンク ‥‥‥‥‥‥‥‥107

【や行】

有価証券比率 ‥‥‥‥‥‥‥‥114
有形資産‥‥‥‥‥‥‥‥‥‥‥‥38
有効需要 ‥‥‥‥‥‥‥‥‥‥181
輸出 ‥‥‥‥‥‥‥‥‥‥‥‥‥‥2
輸出規制‥‥‥‥‥‥‥‥‥‥‥129
輸出構造‥‥‥‥‥‥‥‥‥‥‥121
輸出主導‥‥‥‥‥‥‥‥‥‥‥‥74
癒着構造‥‥‥‥‥‥‥‥‥‥‥‥68
輸入 ‥‥‥‥‥‥‥‥‥‥‥‥‥‥2
輸入構造‥‥‥‥‥‥‥‥‥‥‥123
輸入制限‥‥‥‥‥‥‥‥‥‥‥128
輸入超過‥‥‥‥‥‥‥‥‥‥‥134
要素所得‥‥‥‥‥‥‥‥‥‥‥‥37
四日市喘息‥‥‥‥‥‥‥‥‥‥‥68
4大工業地域‥‥‥‥‥‥‥‥‥‥67

【ら行】

利害関係者 ‥‥‥‥‥‥‥‥‥104
利潤（営業余剰）‥‥‥9, 33, 35, 42, 82, 100
リストラ‥‥‥‥‥‥‥‥‥‥‥‥75
累進税制 ‥‥‥‥‥‥‥‥‥‥147
レオン・ワルラス ‥‥‥‥‥‥179
労働組合‥‥‥‥‥‥‥‥‥‥‥‥65
労働三権‥‥‥‥‥‥‥‥‥‥‥‥65
労働市場‥‥‥‥‥‥‥‥34, 80, 108
労働者階級 ‥‥‥‥‥‥‥‥‥178
労働者派遣法‥‥‥‥‥‥‥‥‥77
労働集約的産業‥‥‥‥‥‥‥‥51
労働生産性‥‥‥‥‥‥68, 157, 169
労働分配率‥‥‥‥‥‥‥‥‥‥114
労働法制の規制緩和‥‥‥‥‥148
労働力‥‥‥‥‥‥‥‥15, 30, 167
労働力人口比率‥‥‥‥‥‥‥‥16
ローレンツ曲線 ‥‥‥‥‥‥‥117

【著者】

稲葉和夫（いなば　かずお）
1978年　神戸大学大学院経済学研究科博士課程後期課程中途退学
現　在　立命館大学経済学部特任教授，経済学博士
専　門　経済統計学，計量経済学

橋本貴彦（はしもと　たかひこ）
2008年　立命館大学大学院経済学研究科博士課程後期課程修了
現　在　立命館大学経済学部教授，博士（経済学）
専　門　経済統計学，経済理論

本田　豊（ほんだ　ゆたか）
1981年　神戸商科大学大学院経済学研究科博士課程単位取得満期退学
現　在　立命館大学食マネジメント学部特任教授，経済学博士
専　門　日本経済論，計量経済学

現代経済社会入門 *Introduction to Contemporary Economy and Society*	著　者　稲葉和夫・橋本貴彦・本田豊 ©2020
	発行者　南條光章
	発行所　**共立出版株式会社**
	〒112-0006
2020年4月30日　初版1刷発行	東京都文京区小日向4-6-19
2021年2月10日　初版2刷発行	電話　（03）3947-2511（代表）
	振替口座　00110-2-57035
	URL　www.kyoritsu-pub.co.jp
	印　刷　精興社
	製　本　ブロケード

一般社団法人
自然科学書協会
会員

検印廃止
NDC 331
ISBN 978-4-320-09648-6　　Printed in Japan

JCOPY <出版者著作権管理機構委託出版物>

本書の無断複製は著作権法上での例外を除き禁じられています．複製される場合は，そのつど事前に，出版者著作権管理機構（TEL：03-5244-5088，FAX：03-5244-5089，e-mail：info@jcopy.or.jp）の許諾を得てください．